UN GRITO A LA VIDA

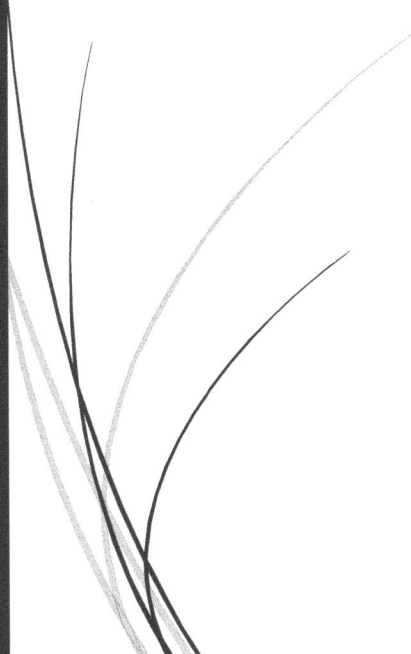

UN GRITO A LA VIDA

E. LARBY

Autor: E. Larby
Diseño de cubierta: E. Larby
ISBN:9789403752761
© E. Larby
Año: 2024
Editoriales: Bookmundo, Ingramsparks
Web: publish.mibestseller.es/elarby
e-mail: e_larby@hotmail.com

DEDICATORIA

A la auténtica Meli por su coraje y valentía al rememorar para mí todas sus vivencias.

A mi esposa por su infatigable apoyo y estímulo

A mis nietos Alexander, Mikaela y Roy que sois los que ilumináis mi vida

ÍNDICE

    PRÓLOGO 1
I   RETORNO AL PASADO 3
II   LA DÉCADA PRODIGIOSA DE LOS 60 . 27
III   EL ROMANCE 99
IV   SE FUE SIN DECIR ADIÓS 119
V   UNA RELACIÓN MUY TÓXICA 133
VI   LA VUELTA DEL MARIDO PRÓDIGO. 149
VII   EL PERIPLO DE FERNANDO 161
VIII   LA ÉPOCA DORADA 175

PRÓLOGO

Este libro está basado en hechos reales contados al autor por la propia protagonista.

Por motivos de discreción se han cambiado los nombres y algunos de los escenarios donde acaecieron los hechos.

El titulo creo que refleja lo que en verdad hizo esta señora, gritarle a la vida ¡Quiero vivir mi vida, no la que queréis imponerme!.

Durante las muchas horas de conversaciones, ella se «rompió» varias veces y estalló en sollozos, murmurando una y otra vez: « me destrozaron la vida».

Pero se rehacía inmediatamente como lo que es, una mujer fuerte, valiente y luchadora.

Lo que sigue a continuación es un modesto homenaje a tanta bravura y coraje.

E. Larby

I RETORNO AL PASADO

Llevaba años, décadas, que no veía a Lourdes una prima mía, ese día estaba paseando por las inmediaciones del campo de futbol de mi ciudad natal, Cádiz, había ido a cerciorarme de la última barrabasada que el alcalde comunista había perpetrado, el individuo un tipo mal encarado, provocador y vengativo, se había empeñado en cambiar el nombre del viejo, aunque remodelado Estadio, que se llamaba Carranza en honor al padre del alcalde que lo había mandado construir allá en el año 1954, un viejo fascista, según los progres que ven fascistas hasta debajo de las piedras. Y el comunista había decidido renómbralo, menos mal que no se le ocurrió llamarle Largo Caballero o Santiago Carrillo, dos reconocidos asesinos comunistas.

Lo divertido del caso es que la mayoría de los aficionados al futbol no tenía ni pajolera idea de quien había sido ese denostado Carranza.[1]

El campo de futbol inaugurado en fecha ya tan lejana para mí como el año 1954 había sido mandado construir por el entonces alcalde José León de Carranza, y le puso el nombre de su padre Ramón de Carranza.

Dejando aparte las connotaciones políticas, ese nombre era parte del acervo cultural de mi ciudad y de mi niñez, siempre había oído a mi padre, mis hermanos y demás chicos decir:¡Vamos al Carranza!, el trofeo de futbol más importante que se celebraba en España era el Carranza, que ya tenía una antigüedad de 66 años.

Estaba distraída mirando la bonita fachada de la parte de tribuna cuando oí que decían: ¡Tú eres Meli!

Me volví sorprendida y ante mí estaba una señora de más o menos mí misma edad, vestida muy elegantemente, su blanca cabellera recogida en un bonito moño y una sonrisa franca y amigable.

Perdone, dije, ¿se dirige a mí?.

-Disculpe creo que me he confundido dijo la señora, pero había algo en su voz que me trajo recuerdos de mi niñez, su voz tenía algo especial, sonaba como si tuviera una campanilla en la garganta, era inconfundible era mi prima Lourdes.

-No te has equivocado, eres Lourdes, la hija de Rosa y el «pescaero». Nunca supe el nombre de su padre, sé que se apellidaba Grimaldi, porque así se apellidaba mi prima, pero nunca supe el nombre del padre, para nosotros era el «pescaero».

Nos dimos un fuerte abrazo, comenzamos a hablar las dos al mismo tiempo, teníamos tantas cosas que contarnos que no sabíamos por dónde empezar, llevábamos más de 50 años sin vernos, a pesar de vivir en la misma ciudad.

Nos sentamos en una terraza al aire libre, justo enfrente de la entrada principal del estadio, era una otoñal mañana de octubre y la temperatura era muy agradable.

Llevábamos un par de horas de chachara, cuando Lourdes sacó un libro de su bolso, y me enseñó la contraportada con la foto del autor. Era un rostro que me era familiar, pensé que lo habría visto en algún programa de televisión. O en alguna revista del corazón, Lourdes me preguntó: ¿Lo reconoces?

-Me resulta familiar, pero no sé ubicarlo.-

-Fíjate bien, esa cabeza inclinada hacia la izquierda, no te recuerda a nuestro primo Enrique, el hijo de nuestra tía Margarita.-

-Déjame mirar con más atención, ¿es de verdad nuestro primo? ¿Y es escritor? ¡no me digas!

-Bueno a él no le gusta que le digan escritor, él se auto titula «junta letras».

¿Y de qué escribe?.

Ha escrito una breve historia de su vida, que ha llamado Vivencias y que lo escribió solo para sus nietos, pero que me ha enviado una copia, y habla de tus padres y de los míos, un poco de toda la familia y de sus recuerdos infantiles, de la Caleta y de tu calle donde jugaba al futbol.

-Me gustaría leerlo- y ¿ha escrito algo más?

-Ha novelado algunas de esas vivencias. A mí me ha regalado sus dos primeras obras, esta que se titula Hechizo Tártaro, que versa sobre su romance con su actual esposa y otra, que es muy triste, y que está dedicada a un amigo suyo que murió de Covid, y que se titula Diario de un Contagiado-

- Me gustaría leerlas-

-Te dejó esta que ya la he terminado-

-Si tienes su número de teléfono me gustaría enviarle un WhatsApp, le perdí la pista hace más de 60 años-.

-Llámale mejor, un WhatsApp es muy frio e impersonal.-

-Es que después de tantos años me resulta un poco violento, llamar y decirle, así de buenas a primeras, soy tu prima Melisa, no se acordará de mí-

-Sí mujer, y si no dile que eres la hermana de Adolfo, ellos estaban muy unidos la temporada que estuvo viviendo aquí después de jubilarse.

-¿Estuvo viviendo aquí?. No tenía ni idea y mi hermano nunca me comentó nada. ¡Y donde vive ahora?.

-En Madrid-

-Chica me da apuro, llamarle después de tantos años-

-Venga ya, a estas alturas de tu vida no me digas que te has vuelto tímida, tú que has sido siempre tan atrevida, tan lanzada y si no te ofende te diré que hasta un poco descarada.

-Gracias, pero creo que no es esa la palabra, yo diría decidida y rompedora, siempre, venciendo mi timidez, he luchado contra la desigualdad y no he permitido que nadie me avasallase o me humillase, entonces me he revuelto como un tigre enjaulado, para los estándares de la época yo era lo que ahora llaman contestataria o antisistema. O por lo menos de eso me acusaban-.

-De eso y de mucho más, aquellos años de nuestra niñez las chicas teníamos que ser dóciles y obedientes y tú eras algo rebelde, inconformista-.

-No me lo recuerdes, que todavía me duele el alma lo que me hicieron sufrir con esas ideas tan estrechas y coercitivas. Todo era pecado, impúdico o descarado.

Me leí el libro de una sentada, me gustó y sin pensarlo dos veces marqué su número.

Y así fue como se inició una etapa de mi vida que nunca imaginé pudiese tener lugar.

Me comentó que pensaba pasar unos días de descanso en el Puerto de Santa María y que si me parecía bien, se acercaría a Cádiz para vernos y degustar el famoso «pescaito frito»

Cuando le vi, le reconocí al instante y hacía más de 70 años que le había perdido la pista, conocía algo de su vida por las charlas que su madre, mi tía, tenía con mi madre, pero no le prestaba demasiada atención, yo ya tenía mis propios problemas.

La cabeza un poco ladeada, característica de las personas de signo Aries, la misma sonrisa tímida.

El verlo me retrotrajo a mi niñez, tendría unos cuatro años, cundo oía a mi madre hablar con sus hermanas, con gran alegría, sobre el inmediato regreso de la más pequeña de ellas. Mi tía Margarita se había casado con un cántabro, en aquellas fechas se decía un montañés, y cuando nació su primer hijo, mi primo Enrique ella no tenía leche para amamantarlo y en el Cádiz de la posguerra este alimento básico infantil, no había estos potingues de leche en polvo y potitos de hoy en día, escaseaba, más bien casi no había por lo cual el joven matrimonio tuvo que tomar la heroica decisión, por lo menos para mi tía, de marchar a Santander donde su suegro tenía unas vacas y algunas tierras.

Casi después de ocho años allí habían decidido, más bien mi tía era la que lo había decidido, regresar al calor de su numerosa familia en nuestra ciudad.

Bien es verdad que fue mi abuela materna [2] la que influyó en ello, ni corta ni perezosa se montó en el tren y después de dos noches de viaje, previa parada en Madrid, arribó a la pequeña aldea cántabra donde residía su hija y al ver las poco confortables condiciones de vida que había en la aldea no le costó mucho convencerla para volver a Cádiz.

En agosto de 1948 se había producido en la ciudad una tremenda catástrofe, un depósito de minas submarinas almacenadas en la afueras de la ciudad habían explosionado [3]

Mi abuela materna, que era de armas tomar, se lio, a sus más de ochenta años, la manta a la cabeza y se plantó en la Montaña a ver a sus nietos.

Recuerdo que el día que llegaron fue una gran fiesta para toda la familia , las familias numerosas, y la de mi madre lo era, suelen estar muy unidas y ser muy solidarias.

Más tarde hablare de la familia por parte de madre.

Aunque llevaba décadas sin verlo le saludé con un fuerte abrazo y le dije: ¡Hola guapetón!, cosa que le hizo ruborizarse, a pesar de su avanzada edad no había vencido su timidez.

Después de los saludos de rigor, de lo bien que nos veíamos el uno al otro, empezamos a rememorar cosas de nuestra niñez. Muy ceremoniosamente me hizo entrega de sus tres primeros libros Vivencias, Hechizo Tártaro y Diario de un contagiado. Le pedí que me los dedicara, los he leído con fruición y los guardo como oro en paño

Etapa que considerábamos que había sido feliz, no habíamos sufrido desgracias familiares, o por lo menos nos las habían ocultado para protegernos, no habíamos sido objeto de malos tratos ni en nuestras familiares había habido grandes contratiempos.

Aunque si recordábamos nítidamente las dificultades económicas que nuestros padres habían padecido, el comprar a fiado, el no disponer de elementos caseros, que posteriormente se convertirían en básicos en un hogar, como nuestras madres cocinaban en infernillos de carbón y de lo que costaba sacar el agua del aljibe.

Entonces Enrique abrió su corazón y dijo: «pero tú al menos tenías un padre, yo entonces no lo sentía así, pero ahora me doy cuenta de que me crie sin él. Solo le veía una vez al año cuando venía de permiso.

Me pareció ver que sus ojos se humedecían al recordar este episodio de su vida.

-Ahora que lo comentas creo recordar que cuando iba a tu casa notaba como que faltaba algo, no sabía qué, pero siempre veía a tu madre sola.-

- Y así era, y esa soledad era aplastante, se hacía inaguantable, insoportable sobre todo en las grandes celebraciones, principalmente en las Navidades, No consigo olvidar a los tres, mi hermana ya había nacido, sentados en una mesa camilla con una estufa de carboncillo en el medio, pasando las fiestas. Mi madre que siempre había sido de carácter depresivo se hundía anímicamente y sin pretenderlo nos contagiaba esa tristeza. Por eso no me gustan las Navidades, sino sonara demasiado fuerte, te diría que las odio, sobre todo me parecen muy hipócritas muy falsas, la gente deseándose felicidad y paz y cuando terminan las fiestas vuelta al navajeo.-

-Recuerdo que trabajaba en una empresa de ingeniería en Madrid, y como era tradicional la empresa invitó a todos sus empleados a la tradicional copa de Navidad, todo eran parabienes, buenos deseos-.

-A la vuelta de las vacaciones, más del 50% de la plantilla se encontró encima de su mesa una carta de despido, nunca olvidaré esto-.

-¿Tu padre estaba navegando, no?.

-Sí y solo estaba en casa un mes al año, cuando le tocaban las vacaciones, solo tuve más contacto con él cuando se jubiló, pero sin embargo guardo un magnífico recuerdo de él, era muy cariñoso y atento, era una persona sana y transparente, bondadoso y noble.

Yo había sentido hacía mi primo, a pesar de la diferencia de edad, una especie de sentido de protección, acostumbrada a lidiar con mis hermanos y demás primos, decenas de ellos, que eran atrevidos, descarados, niños de la calle, que se enfrentaban a todo, a él le veía como más vulnerable, más inocentón, más un chico de pueblo que de barrio. Le había visto siempre como fuera de lugar, desubicado.

Recordé un día que toda la pandilla, ya mozalbetes, iban entonando a grito pelado por la calle y como desfilando, una cancioncilla que no sé si se habían inventado o escuchado en algún sitio, con unas estrofas precoces que escandalizaban a las gentes de bien pero que demostraba el carácter machista de la sociedad de entonces y que a aquellos mozalbetes les hacía sentirse muy «machos».

La prosa era: Tilín, tilín , tilín / los de la banda / los de la banda, / tilín, tilín, tilín los de la banda estamos aquí / Tenemos un defecto, tenemos un defecto / tenemos un defecto que nos gustan las gachís / Gachís / gachís, gachís/ los de la banda estamos aquí.

 Y allí estaba Enrique unos dos metros por detrás, queriendo estar en el grupo pero sin atreverse a estar, queriendo pero no queriendo compartir tan procaz comportamiento.

Viendo el cariz que tomaba la conversación decidí que era oportuno cambiar de tema.

Y aun cuando por la diferencia de edad, él era cinco años mayor que yo, y esa diferencia, que en la edad adulta no se nota, cuando eres niño es una diferencia abismal, no me impedía relacionarme con él, ya que su hermana y yo éramos inseparables, Enrique era de la misma edad que mi hermano Adolfo. y dada la proximidad de nuestros domicilios, nosotros vivíamos en la Calle Mateo de Alba y él en la de la Rosa, les hizo inseparables, instalaron su cuartel general en mi casa ya que en nuestra calle. no había tráfico y era muy tranquila, muy apropiada para que los niños jugaran allí.

Entramos en materia, se interesó por mi vida, algo había oído cuando mi madre había tomado a su hermana como paño de lágrimas por los muchos disgustos que yo, según ella, le estaba proporcionando.

Me escuchaba atentamente, yo le veía muy interesado en escuchar mis peripecias por la vida, después de más de dos horas de chachara, iba a decir de dialogo, pero fue un monologo, me comentó que me agradecía que le hubiese abierto mi corazón ya que él, por lo que había oído tenía una versión muy distinta.

Me dijo, tu trayectoria vital deberías plasmarla en un escrito, para que tus hijos sepan lo que has luchado y trabajado, lo que te has esforzado para sacarlos adelante y con que valentía has enfrentado tus problemas.

Lo que sigue a continuación es la historia de mi vida

[1] *RAMÓN DE CARRANZA*

Nacido en Ferrol (La Coruña) ingresó, con trece años, en la Academia Naval de Marín en 1876.

Fue enviado a Washington como agregado naval con la misión de entregar a las autoridades americanas toda la información recopilada en la Habana en la que se exoneraba a España de cualquier acción contra el acorazado de segunda clase USS Maine[4]

Cuando el conflicto del Maine y la guerra de Cuba entre España y Estados Unidos parecía inevitable fue el encargado de tratar de evitarla. Como loas norteamericanos lo que trataban era precisamente de provocarlas sus gestiones, como era de esperar, no fructificaron. El conflicto finalmente estalló, con los catastróficos resultados, para nuestro país, suficientemente conocidos.

Los yanquis, que ya tenían un plan establecido, hicieron caso omiso a la información, ellos ya sabían que el atentado había sido un caso de bandera falsa[5]

Al estallar el conflicto toda la delegación diplomática española fue enviada a Canadá.

El gobierno español ordenó a Carranza permanecer en aquel país para prestar «servicios y comisiones». Ramón creó una red de espionaje para cubrir toda la zona este de los Estados Unidos, esta red cubría desde Halifax (Canadá) hasta Hamilton en las Bermudas.

Carranza propuso atacar los arsenales navales norteamericanos que estaban mal diseñados y peor protegidos con una ubicación errónea en los puertos.

Propuesta que fue ignorada por el gobierno español.

Finalmente Carranza fue descubierto por el contraespionaje norteamericano y las autoridades canadienses emitieron una orden de expulsión.

Carranza ignoró la orden y pasó a la clandestinidad y organizó su propia guerra.

En Vancouver compró el Amur un barco ruso al que dotó de dos cañones con el que pretendía atacar la costa oeste norteamericana que estaba desprotegida y sembrar el pánico entre los barcos mercantes americanos, esta acción obligaría a los norteamericanos a desplegar algunos buques de guerra a la zona y rebajar la presión sobre las islas Filipinas.

El audaz plan falló porque los marineros prometidos por el gobierno español nunca llegaron.

Aunque el plan no se llevó a cabo el contraespionaje norteamericano que había tenido conocimiento de lo que se tramaba alertó al gobierno americano que desplegó dos cruceros a la zona, el USS Wheeling y el USS Bennington.

Pero la imaginación de Carranza no parecía tener límites y se propuso, con la ayuda de algunos voluntarios, asaltar uno de los cruceros.

Cuando se aprestaba a llevar a cabo su suicida acción se firmó el armisticio y recibió la orden de regresar a España

Por sus acciones al mando del cañonero Contramaestre en la citada guerra se le concedió la Cruz Laureada de San Fernando, la más preciada condecoración militar de España.

En 1886 fue destinado a Cádiz ciudad a la que ligaría su vida hasta su muerte.

En 1930 ya retirado fue ascendido al rango de contraalmirante.

Fue Alcalde de la Ciudad en dos ocasiones, en el periodo 1927-1931 y en el 1936-1937.

Durante sus mandatos se construyó la Plaza de Toros, el edifico del cine Municipal en la Plaza del Palillero, y los Hoteles Playa y Atlántico

CARRERA POLÍTICA

Diputado a Cortes en 1903 y en 1919 y senador del Reino entre 1910 y 1917.

GUERRA CIVIL

Cuando estalló la guerra civil voló en avioneta desde Sevilla a Cádiz y se unió a los insurgentes.

SEGUNDA GUERRA MUNDIAL

Carranza, una vez retirado de la marina, se dedicó a los negocios y compro unas almadrabas en Zahara de los Atunes (Barbate) y Huelva.

Cuando estalló la segunda Guerra Mundial, España que tenía, teóricamente, condición de no beligerante, en la práctica colaboraba con la Alemania nazi, y en las almadrabas propiedad de Carranza se aprovisionaban de combustible, armamento y alimentos a los submarinos nazis, se estima que en el periodo 1940-1942 unos 20 submarinos nazis se acogieron al amparo español.

Se rumorea que así hizo su fortuna Ramón de Carranza.

RECONOCIMIENTOS

Miembro prominente de la oligarquía gaditana surgida de la postguerra, su influencia en la sociedad permitió que su primogénito José León rigiera los destinos de la ciudad desde1948 hasta 1969.

El antiguo Paseo de Canalejas fue renombrado Paseo Ramón de Carranza igual título ostentó el nuevo estadio de futbol.

Ramón de Mendoza falleció el 13 de septiembre de 1937, tenía 74 años.

LA MEMORIA HISTÓRICA

En su ignorancia sobre el personaje y su histeria revanchista, el comunista Kichi se empecinó en cambiar el nombre del estadio, en contra de la opinión de los aficionados locales, que dicho sea de paso, no tenían ni pajolera idea de quien había sido el personaje.

2 MI ABUELA MATERNA

Cuando no se conoce el entorno, ni las circunstancias en las que ocurrieron los hechos, resulta arriesgado cuando no temerario hacer juicios de valor y catalogar de forma positiva o negativa las decisiones tomadas por los protagonistas de la historia.

Por ello, aquí, voy a relatar los hechos como yo los conozco sin entrar en lo acertado o desacertado de las decisiones tomadas.

No se puede, ni se debe, juzgar hechos ocurridos en el siglo XIX con el prisma del siglo XXI.

Mi abuela era de buen porte, alta, para los estándares de la época, estructura corporal fuerte y grande, cara redondeada, pelo muy negro, piel blanca, extrovertida, atrevida y rompe moldes, en su juventud debió ser muy bella. Sus ademanes reflejaban una fuerte personalidad y carácter.

A los quince años se enamoró de un chico algo mayor que ella, 17 años, y, no conozco los motivos, decidieron, a esa tierna edad, casarse.

A los 16 años ya era madre, y a este temprano embarazo, le siguieron veintitrés más, todos llevados a buen puerto, aunque muchos de los bebés murieron a los pocos días o años. Yo conocí a nueve de ellos, incluida mi madre. Y oí hablar de una jovencita que con 19 años se cayó por la escalera y se rompió la espina dorsal, murió, después de un calvario de unos meses postrada en una cama.

Como el joven marido no tenía profesión, como se decía en la época, no tenía oficio ni beneficio, era jornalero, la vida no le fue nada fácil. Ante las escas ocasiones de trabajo que había en su ciudad natal San Fernando decidieron emigrar a la capital. Ya eran padres de cuatro vástagos.

En la capital les fue mejor, el joven encontró trabajo como panadero en un obrador y ella empezó su periplo como vendedora ambulante de joyas para la joyería Regente sita en la céntrica y comercial calle de Columela.

Con su proverbial verborrea y verbo fácil pudo acceder a la clase alta de la ciudad, con la que estableció una relación comercial que, a la larga, le sería muy válida para un delicado tema del que hablaré más tarde.

Este agotador trabajo callejero la llevó a tener que sacrificar el futuro de sus dos hijas mayores, mi tía Manuela y mi madre, que tuvieron que abandonar el colegio y dedicarse a cuidar de los más pequeños. La prole ya es numerosa.

Los dos varones mayores, los siguientes a mi tía y a mí madre, tenían que hacer de «aguadores», llevar el agua desde la fuente de un parque cercano a la casa.

El abuelo intentó volar por sí y se estableció como panadero en un local sito en la calle Compañía, El Horno Compañía.

El nombre de la calle proviene de que ya en el siglo XV, la compañía de Jesús, los jesuitas, que tenían el monopolio del transporte ente la metrópoli y las nuevas tierras descubiertas, había establecido allí su sede central.

EL CARÁCTER

La abuela era de armas tomar, no se amilanaba, no se achantaba ante nada y nadie, para manejar a toda su tropa no dudaba en comportarse como un sargento de marines con sus reclutas.

Su carácter atrevido quedó de manifiesto cuando tuvo lugar un luctuoso suceso en la calle Soto, una pequeña y solitaria calle que desemboca en la plaza San Juan de Dios que, en aquellos tiempos, era el centro neurálgico de la ciudad.

Dos de mis tíos estaban allí, en busca de trabajo o tratar de comprar algo de comida, cuando la guardia mora hizo una redada, un falangista había ido asesinado de un estacazo en la cabeza.

Todos los detenidos fueron encerrados en los sótanos del cercano Ayuntamiento donde fueron «sutilmente interrogados» por los moritos. Interrogatorio que consistía en atizarles diez latigazos para que declararan.

Alertada la abuela de los hechos, ni corta ni perezosa se plantó en el Ayuntamiento y pidió, exigió, hablar con el Alcalde.

La abuela ya era conocida por los funcionarios, no en vano cada año le otorgaban un premio a la Natalidad, que consistía en una canastilla con ropa para el nuevo retoño.

Una vez ante el Alcalde hizo una interpretación digna de una consumada actriz en una obra de Shakespeare o de una actuación digna de ganar un Oscar de Hollywood, apeló a la relación comercial que mantenía con la esposa del Alcalde y con todas las esposas de la oligarquía gaditana, vertió unas lágrimas de cocodrilo, hizo ademán de arrodillarse en sus suplicas. En resumen, los detenidos fueron liberados.

Otro de sus momentos de coraje fue cuando se decidió viajar a la Montaña a «rescatar» a su hija más pequeña, mi tía Margarita.

Con gran acompañamiento de gestos y expresiones contaba, a todo aquel que quisiera oírla, el infernal, decía ella, viaje.

Y realmente debió ser así.

En pleno mes de Agosto y con un calor infernal, tomó el tren nocturno Cádiz-Madrid que demoraba toda la noche, en un vagón cuyas ventanas no se podían abrir porque el hollín que desprendía la chimenea de la máquina a carbón se colaba en el compartimento.

Los asientos eran dos bancos de madera, en los que aposentaban sus posaderas cuatro pasajeros por banco.

A la mañana siguiente, y tras tener que desplazarse desde la estación de Atocha hasta la de Príncipe Pío había que pasar el día entero en la capital, un día de agosto en Madrid puede ser como decimos en Cádiz: «mortal de necesidad», para pasar el rato se entretenía en pasear de Príncipe Pio a la Plaza de España y viceversa.

Y esa noche, la misma historia, tren nocturno Madrid-Santander y el mismo tipo de compartimento, aunque ya a la altura de Palencia el calor no era tan sofocante.

EL ROBO

Aunque en aquellos tiempos de pobreza y estrechez, la seguridad ciudadana, merced a la estricta vigilancia de las autoridades, era bastante buena, pero el hecho de tener que caminar por toda la ciudad con un bolso lleno de joyas era, cuando menos, arriesgado, y sobre todo cansino y fatigoso, sin mencionar que en esas visitas domiciliarias te podías encontrar con sorpresas no deseadas y desagradables para una mujer sola y vistosa.

La lujuria está albergada en todos los estratos de la sociedad y en las clases altas en mayor grado que en las más bajas, los buenos manjares y mejores vinos son un buen caldo de cultivo para este pecado original.

En la Montaña, viendo las pésimas condiciones de vida de su hija, no le costó mucho convencerla de que volviera a casa.

Pocos meses después del regreso de su hija preferida, ocurrió un hecho que unido al estado de su ya maltrecho hígado la llevó al desenlace final.

Nunca explicó como ocurrió el hecho pero el resultado fue que unos pendientes, de gran valor ,ya que estaban engarzados con esmeraldas, habían desaparecido, la dueña de la joyería la acusó de ser ella la ladrona.

Fuera como fuese el tema, esto le ocasionó una ictericia que la llevó a la tumba.

Para mí que entonces tendría poco más de ocho años aquello me produjo un shock que me ha dejado marcada.

En aquellos tiempos, la gente se moría en casa y allí se velaba el cadáver, mi madre y mis tías se obsesionaron con que yo la despidiera con un beso, tenía la cara cubierta con un velo y cuando yo me acercaba al cadáver y le levantaban el velo, me horrorizaba y salía corriendo, así ocurrió varias veces hasta que desistieron.

Nunca olvidaré este traumático episodio de mi vida

3 LA EXPLOSIÓN

El mes de agosto en Cádiz es un mes de fiestas y diversión, pero el día 18 del año 1947 la ciudad estuvo al borde de ser destruido como si una bomba atómica hubiese sido lanzada sobre ella.

Al término de la guerra civil la marina había retirado todas las minas submarinas que habían estado protegiendo los puertos españoles, así como las cargas de profundidad y las había trasladado a Cádiz. y estibadas en la base de Defensa Submarina de la Armada.

Durante el traslado se observó el estado de deterioro de las armas con pérdida de material debido a la corrosión y en un avanzado grado de exudación.

Ese fatídico día 18, sin que se hayan podido establecer las causas las minas y cargas estallaron, toda la parte extramuros quedó destruida y el casco antiguo se salvó merced a la solidez de la muralla de las puertas de Tierra, construcción en piedra ostionera del siglo XVIII que separaba, y separa, la ciudad de la zona extramuros, de no ser por la muralla toda la ciudad hubiese quedado destruida por la tremenda onda expansiva

La deflagración fue de tal magnitud que el fogonazo se puedo ver desde el acuartelamiento de Monte Hacho (Ceuta), la nube en forma de hongo se pudo ver en toda la bahía de Cádiz, Huelva y algunos pueblos de Sevilla.

La onda expansiva destruyó el barrio de San Severiano, la Barriada España, la zona de chalés de Bahía Blanca, la casa cuna donde 26 niños y bebés que estaban allí albergados perdieron la vida, los astilleros navales de Echevarrieta y Larrinaga quedaron arrasados. 150 personas perdieron la vida.

El temblor producido por la explosión llegó hasta Lisboa (Portugal) donde pensaron que se había producido un seísmo.

Los cascotes cayeron sobre la cubierta del vapor Plus Ultra que estaba a 1 500 metros de la costa.

Ha sido la mayor catástrofe sufrida por la trimilenaria ciudad desde el maremoto de 1755.

Se movilizó a la Marina y al Ejército en las tareas de desescombro y recuperación de supervivientes y de los cadáveres de los fallecidos así como en la protección de las viviendas afectadas para evitar el pillaje.

Se dio un caso, no sé si catalogarlo de valentía o temeridad estúpida cuando el joven teniente de Infantería de Marina, Francisco Aragón Ruiz, para incentivar a sus hombres y hacerles ver que no había peligro, se sentó sobre una de las minas sin explotar, rasgó una cerilla sobre ella y encendió un cigarrillo.

El verdadero acto de valor lo protagonizó el entonces capitán de corbeta Pascual Pery Junquera, que al mando de un improvisado batallón de voluntarios evitó la explosión de un segundo almacén que estaba próximo al que había deflagrado.

En el almacén se había declarado un incendio que amenazaba a las minas allí depositadas, Pery Junquera y sus voluntarios consiguieron controlar y apagar el fuego usando los escombros acumulados en la zona. Con esta heroica actuación los 98 000 kilos de trinitrotolueno allí almacenados no explosionaron. Acción a la que no se dio publicidad para evitar una mayor alarma en la población, que se había refugiado en las playas de la ciudad ante el peligro de nuevas explosiones.

Pery Junquera llegó a alcanzar el grado de Almirante y posteriormente fue Ministro de Marina con Adolfo Suarez.

Los hechos nunca han sido esclarecidos.

En el año 2009 se publicó la Teoría de la Nitrocelulosa por la cual la explosión fue consecuencia de la descomposición espontanea de la nitrocelulosa (algodón pólvora) que contenían 50 cargas de profundidad WVD de origen alemán.

[4]EL USS MAINE

En Cuba se estaba librando una guerra entre la oligarquía cubana y el reino de España, los cubanos recababan una independencia que la metrópoli no estaba dispuesta a conceder.

Las revueltas callejeras eran continuas y violentas

Estados Unidos con la excusa de proteger las vidas de los ciudadanos norteamericanos en la isla había enviado a uno de sus mayores buques de guerra el USS Maine en una visita «amistosa» a la Habana.

España consideró este hecho como un desafío, una provocación gratuita.

Por causas que nunca se llegaron a esclarecer se produjo una deflagración que ocasionó la muerte de la tercera parte de su tripulación.

Era la coartada perfecta para los norteamericanos para intervenir en el conflicto, la operación estaba siendo diseñada desde hacía ya varios años.

La prensa amarillista, siguiendo las consigas de la administración americana se encargó de propagar la falacia del ataque de unos comandos españoles, culpando a las autoridades españolas.

Las incendiarias proclamas de los medios de comunicación yanquis hábilmente dirigidos por William Randolph Hearst y Joseph Pulitzer[6], movilizaron a la opinión pública americana, tan sensible y fácilmente manipulable, a exigir a su gobierno una adecuada respuesta. Se hizo popular el eslogan: «Remember the Maine, to Hell with Spain!», que significa: «¡Recordad el Maine, al infierno con España!».

Como diría un castizo: «la ocasión la pinta calva». La guerra estaba servida.

El hundimiento del Maine dio lugar a que los estadounidenses manejaran, con gobiernos cubanos corruptos y sumisos a ellos, Cuba a su antojo y libre albedrío, hasta el triunfo de la Revolución Cubana en enero de 1959.

Por el tratado de París de diciembre de 1898 España perdió Cuba, Filipinas, Guam y Puerto Rico

En España se conoce como «el desastre del 98»

[5]BANDERA FALSA

Una operación de bandera falsa es llevada a cabo por un gobierno, contra sus propios intereses, para culpar a otros del incidente y provocar un casus belli.

Y el hundimiento del USS Maine fue uno de ellos, porque aunque nunca se pudo determinar que causó la deflagración que hundió el navío, los Estados Unidos lo atribuyeron a una bomba colocada por los españoles en el exterior del barco, en una incursión nocturna.

A lo largo de la historia se han producido algunas de estas operaciones con gran repercusión en el devenir de los acontecimientos.

En 1940 la URSS se había repartido con la Alemania nazi Polonia, en Katyn una aldea cercana a Smolensk (Rusia) la policía secreta soviética el NKVD (El Comisionado del Pueblo para Asuntos Internos de la URSS) perpetró una matanza de oficiales polacos prisioneros de guerra. Cuando el hecho fue descubierto por el ejército alemán, estos culparon a los rusos, pero los aliados revertieron el tema y culparon al ejército alemán.

En el periodo 1979-1983 los servicios secretos israelitas, el Mossad; llevó a cabo una serie de atentados con coches bomba en el Líbano con el objeto de crear una sensación de terrorismo que justificara la intervención del ejército israelí en ese país y así tener una coartada para finiquitar a la OLP (Organización para la Liberación de Palestina) que perpetraba continuos actos de terrorismo contra el territorio judío.

Pero quizás el más representativo de todos y el que mayores consecuencias tuvo para un país fue el incidente del Golfo de Tonkin (Vietnam) en 1964.

Los norteamericanos estaban metidos de hoz y coz en una guerra encubierta en Vietnam, que ya se estaba filtrando a los medios de comunicación y a la opinión pública, para justificar una declaración de guerra abierta e implicar a la sociedad americana en ella, la CIA se inventó una historia, que resultó ser una patraña, de un supuesto ataque de unas lanchas norvietnamitas contra el destructor estadounidense USS Maddox fondeado en la bahía.

[6] William Randolph Hearst

Un atrabiliario personaje, magnate de la prensa norteamericana, propietario de 25 cabeceras de periódicos de alcance nacional.

Y como pasó en España con el grupo Prisa, usó los medios como instrumentos políticos para sus beneficios personales y empresariales. Un editorial de unos de sus amarillentos panfletos podía destruir la carrera de un político o un empresario.

Su poder era omnímodo, más de 20 millones de ciudadanos leían, diariamente sus periódicos.

Siempre presto a congraciarse con el poder, no dudó en poner su imperio mediático al servicio del gobierno de turno.

Y este fue el caso del Maine, a cambio de este apoyo eran sus medios de comunicación que los que recibían las primicias informativas. ¿Les suena de algo? ¿No les recuerda el 11-M y los moritos suicidas con cuatro capas de calzoncillo?

Fue conocido como el gran manipulador no solo en esta crisis sino en el tema de la revolución mejicana.

Este individuo poseía en aquel país terrenos por más de tres millones de hectáreas, por ello se posicionó en contra de la revolución

Manipulador nato y sin escrúpulos, abrazó el nacismo e instruyó a sus periodistas a glosar las bondades del régimen genocida nazi.

Su historia, a pesar de su oposición, fue llevada al cine en la obra maestra de Orson Welles ciudadano Kane, que debido a la campaña contra ella de Hearst no consiguió éxito taquillero pero que fue premiada con un Oscar y consagrada como una de las grandes obras maestras del cine

JOSEPH PULITZER

Un editor judío de origen húngaro y competidor de Herst, tenía su propio imperio de prensa amarillenta, especializada en escándalos y asuntos turbios.

Cuando en 1985 su competidor Herst adquirió el periódico neoyorquino New York Journal rival del New York World de su propiedad se estableció entre ellos una guerra sin cuartel, ambos competían en sacar a la luz, para ganar lectores, las historias más sórdidas, amarillas y falsas

Se le considera el pionero de esa basura de periodismo que se considera como información y entretenimiento, que aquí en España tiene su estandarte en esa cadena que se llama La Sexta, y a que algunos llaman «La Secta».

En 1902 Pulitzer ofreció al presidente de la Universidad de Columbia (Nueva York) crear y financiar lo que sería la primera escuela mundial del periodismo, sueño que no pudo ver realizado en vida, pero que se concretó a su muerte. En su testamento donaba dos millones de dólares a la Universidad para la creación de esa escuela y el establecimiento de un premio

En 1912 se creó la Columbia University Graduate School of Journalism, que con el paso de los años se convertiría en una de las más prestigiosas del mundo.

En 1917 se convocaron los primeros premios Pulitzer.

LOS PREMIOS PULITZER

Estos premios se otorgan anualmente a los mejores trabajos de periodismo, literatura y composición musical.

Los ganadores reciben 10 000 dólares en efectivo y un certificado acreditativo.

Ni que decir que el ganador de uno de estos premios tiene el éxito y el reconocimiento mundial garantizados

II LA DÉCADA PRODIGIOSA DE LOS 60

Nací, a mediados de la década de los 40, en el seno de una familia humilde y por lo tanto, sin ser consciente de ello, viví los sórdidos y oscuros años de los 50 hasta arribar a los incandescentes años 60.

Me llamo Melisa, un nombre no muy andaluz, pues es de origen griego y significa «abeja» y según la mitología griega es la ninfa que descubrió la forma de recolectar la miel. Mi tía Margarita, que leía mucho y había terminado un libro sobre mitología griega, exclamó nada más verme al nacer, es dulce como la miel, es Melissa la ninfa del libro.

Los amigos y familiares me llaman Meli.

Aunque no fui consciente de ello, ahora mirándolo con retroactividad la década de los 40 y 50 fueron duros, muy duros y sacrificados para nuestros padres, y no tengo palabras para agradecerles su esfuerzo y abnegación por darnos una educación y con ello permitirnos tener una vida más cómoda y placentera que la que tuvieron ellos. No quiero decir con esto que mi vida haya sido un camino de rosas, pero sí, a pesar de todas mis tribulaciones y problemas, en el aspecto material ha sido mucho mejor.

LAS CONDICIONES DE VIDA

Al término de la guerra civil a la devastación propia de una guerra entre hermanos se unió el inicio de la Segunda Guerra Mundial, y aunque España no participó activamente en ella, si tomó partido y como suele ser habitual en esta tierra nuestra lo hizo por el bando que a la postre sería el equivocado.

Ello unido a la pésima gestión económica de los vencedores y unas condiciones climatológicas adversas, como la seguía, hizo que el periodo 1939-1942, las cosechas fueran insuficientes para alimentar a un hambriento país de unos 25 millones de habitantes, además el país tuvo que contribuir, en mayor o menor medida, al esfuerzo bélico alemán.

Y lo que en nuestro imaginario ha quedado como un periodo de hambre y escasez, estudios posteriores ponen de manifiesto que fue una hambruna, si nos atenemos a la definición que de este término hace la FAO (Organización de las Naciones Unidas para la Alimentación y la Agricultura) que dice textualmente: «la carencia grave de alimentos, que afecta a un área geográfica grande o un grupo significativo de personas», y cuya consecuencia es «la muerte por inanición de la población afectada, precedida por una grave desnutrición o malnutrición».

Algunos historiadores estiman que las muertes por este hecho podrían estar, en el mejor de los casos en 200 000 personas, mientras que los más pesimistas la elevan hasta las 600 000.

Pero es que además la desnutrición, unida a las condiciones de habitabilidad poco higiénicas, tiene efectos colaterales como son las enfermedades contagiosas, que dadas la carencia de defensas de las personas les provoca la muerte.

Se estima que en una hambruna mueren a consecuencia de la inanición y malnutrición un 10% del total de fallecidos, mientras que por las enfermedades contagiosas lo hace el 90%.

Posteriores estudios llevados a cabo por científicos estadounidenses llevaron a la conclusión de que la ingesta diaria de calcio, proteínas, vitaminas A y B y proteína animal estaba por debajo del mínimo de calorías necesarias.

Esta carencia origina en las personas debilidad, fatiga, irascibilidad, apatía e influye en el crecimiento.

La escasez de defensas provoca que enfermedades como el tifus y la tuberculosis hagan acto de presencia.

Ante la falta de alimentos, el gobierno tuvo que recurrir a la instauración de las cartillas de racionamiento[1], donde según el número de hijos se fijaba la cantidad de alimentos básicos que cada familia podía retirar de los almacenes preparados para tal efecto.

Y como es lógico y natural en este país de pillos que es España, apareció el fenómeno del estraperlo y muchos se hicieron inmensamente ricos.

Esta situación de pobreza extrema, miseria y enfermedades fueron las consecuencias de que a la devastación provocada por la guerra civil se unió el estallido de la II Guerra Mundial y la ayuda que la depauperada España prestó a los nazis, a lo que se unió, tras la derrota de la Alemania nazi a la que el régimen de Franco había prestado su apoyo, el aislamiento internacional del régimen, España, como está ocurriendo ahora, se convirtió en la apestada del mundo, quedó aislada, y solo gracias a la ayuda prestada por Portugal, otra dictadura, y sobre todo a la inestimable aportación de la Argentina peronista, que enviaba barcos con trigo y carne se pudo paliar algo la tragedia humanitaria.

La apreciada colaboración argentina dio lugar a que una agrupación carnavalera dedicara un tango a glosar esta colaboración cantando las excelencias como persona de Evita Perón[2]

Pero como todo tiene un límite, algunos sectores de la población ante la profunda crisis económica que provocó una inflación que llegó a ser del 100%, la escasez de trabajo y los bajos salarios unido a las malas condiciones de vida, intentó reaccionar, se produjeron algunos conflictos, escasos y aislados, pero que empezaban a menudear, hubo huelgas en Bilbao en 1948, en Madrid y Barcelona se boicotearon los transportes públicos, en 1951 se convocó en Barcelona una huelga general.

La política de autarquía[3] no funcionaba, el régimen necesitaba, a costa de lo que fuese, abrirse al exterior, y vio su oportunidad en la guerra fría que ya se vislumbraba estallaría entre Occidente y la Unión Soviética, ya incluso durante la segunda guerra mundial el primer ministro inglés Winston Churchill había alertado a los ingenuos americanos sobre las verdaderas intenciones, que tenía la URSS sobre los países europeos liberados por el ejército rojo, del sanguinario dictador Stalin.

Inglaterra y los Estados Unidos, conscientes de la privilegiada situación geográfica de España, venciendo las reticencias de los sectores más conservadores de sus países, restablecieron las relaciones diplomáticas con España.

El régimen firmó un Concordato[4] con el Vaticano lo que le otorgó un reconocimiento mundial que no tenía. A ello se unió en 1954 el acuerdo de ayuda mutua firmado con la administración de Eisenhower[5] que supuso el espaldarazo final al régimen dictatorial, España, su régimen, ya estaba integrada sino de hecho si de facto en el mundo occidental.

Franco, en su afán de ser reconocido por los norteamericanos como un aliado fiable, se ofreció, cuando estalló la guerra de Corea a enviar tropas españolas a combatir en aquel país asiático contra el comunismo. Los norteamericanos ignoraron la oferta.

RECUERDOS DE INFANCIA

Pero volvamos a mis recuerdos de infancia, tengo una vívida imagen de la gran cocina en casa de mi abuela materna, donde cinco mujeres se afanaban en cocinar sus escasas provisiones en unos anafes alimentados con carbón de muy baja calidad y como mi tía Margarita me permitía, con un soplador hecho de cáñamo entrelazado, avivar el fuego que se apagaba continuamente, me fascinaba ver como las brasas brotaban con cada sacudida del soplador. Sin embargo me aterraba si la naturaleza me llamaba y tenía que usar el «escusado» como lo llamaban algunos cursis, un retrete mal oliente que estaba a menudo atascado y siempre lleno de cucarachas.

Las épocas más bonitas de mis aventuras culinarias eran cuando en las Navidades se reunían todas las mujeres de la casa para preparar los pestiños, tarea ardua y trabajosa, pero que ocasionaba una explosión de alegría y buen humor, grandes y pequeños cantábamos villancicos y hacíamos ruido con la cacerolas y mi tía Manuela frotaba el mango de la escoba, que era de caña, contra la puerta de madera del retrete para imitar el sonido de la zambomba.

LA RADIO

Aunque no teníamos teléfono ni había Internet ni WhatsApp las noticias corrían como la pólvora.

Mi madre había ido a visitar a su hermana Margarita porque sabía que su marido, que estaba «embarcao», así llamábamos a los que trabajaban en la marina mercante, había regresado de uno de sus viajes y estaba de vacaciones.

Mi tía como era la menor de las mujeres era muy querida por todas sus hermanas, de hecho mi tía Manuela y mi madre fueron las que la habían criado, por lo que tuvieron que abandonar la escuela, y por ello sentían un especial cariño hacia ella, un cariño que podíamos llamar maternal.

Margarita no se parecía en nada a ninguna de sus hermanas, tenía una piel blanquísima y muy suave, era de aspecto delicado y muy apocada, retraída y poco habladora.

Mi madre volvió de la visita a su hermana muy alborozada y sorprendida.

Mariano, le dijo a mi padre, -¡Emilio ha traído un aparato que habla y toca música!.

Mi padre que era un descreído, que solo creía lo que veía y podía tocar, volvió de su mundo, miró a mi madre, en sus ojos se podían leer sus pensamientos, esta mujer se ha vuelto tarumba, una máquina que habla contestó con su sorna habitual: ¡Si, hombre y yo puedo volar!, no te fastidia esta, ya te has tomado un moscatel con tu hermana y ves visiones.

-Qué hombre más descreído, pues lo ha traído de Nueva Yo, donde su barco fue a cargar trigo.

Será de Nueva York, la corrigió mi padre, ¿Y que he dicho yo?, contestó mi madre, eso Nueva Yo. Mi padre la miró como diciendo, ¡pues si ella dice Nueva Yo, para que voy a discutir pues que sea Nueva Yo!, y se volvió a su jamón y su vinillo.

-Que sí hombre , vamos a ir esta tarde a verlo y *escuchá* ese cacharro.-

-Mi padre, que todo su mundo se limitaba a su trabajo de carpintero y a mirar por la ventana a ver pasar a nadie, le dijo: Iros ustedes y luego me lo contáis- y siguió impertérrito degustando sus 100 gramos de jamón ibérico y sorbiendo de su media botella de pirriaque5

Al atardecer llegamos mi madre y yo a casa de mis tíos y allí estaba la radio, un armatoste enorme encima de una cómoda y un señor hablando, mi tío nos hizo señas para que nos calláramos pues estaba escuchando «el parte», más tarde me enteré de que ese parte eran las noticias, todavía quedaban expresiones del argot militar en la sociedad española.

Después de un buen rato oyendo a ese armatoste hablar y hablar, vencí mi aprehensión y me acerqué a mirar el enorme mueble. Lo miraba por un lado, por el otro, lo palpaba por la parte superior y a cada momento estaba más intrigada, mi tío me observaba curioso y me preguntó: ¿Qué miras Meli?, el agujero contesté, ¿Qué agujero? Por el que se ha metido el hombrecillo; con una amplia sonrisa, me preguntó: ¿Qué hombrecillo?, ese que habla tanto, el que está metido ahí dentro. Mi tío soltó una carcajada y trató de explicarme cómo funcionaba aquel tiesto, no entendí nada pero desde aquel día me gustó tanto que cada vez que podía iba a casa de mis tíos a escuchar música y oír parlotear a aquellas personas que no sabía dónde estaban pero que me decían cosas.

Mi prima Tere, la hija de mis tíos era de mí misma edad por lo que estábamos muy unidas y la radio nos unió más.

Era principios de los sesenta del siglo pasado y los programas musicales estaban arrasando, había uno que nos encantaba, la gente solicitaba que pusieran tal o cual canción de moda y enviaba un mensaje a su novio, novia, pretendiente o lo que fuera, nos divertía las ocurrencias de la gente pero sobre todo nos encantaba oír las canciones de moda. Y deseábamos que algún día alguien nos dedicara un disco, estábamos empezando a despertar a la vida..

Comenzaba, sin yo tener constancia de ello. una nueva década y unos tiempos que harían temblar todo el mundo de nuestros mayores.

Al atardecer el armatoste ese que hablaba era el centro de atención, los mayores se sentaban mirando al aparato y escuchando el parte y luego un señor que con una sintonía muy pegadiza empezaba canturreando algo así como :«Yo soy el zorro, zorrito, para mayores y pequeñitos» y comenzaba a decir cosas que no entendía pero que al parecer, por las carcajadas de los asistentes, eran muy graciosas.

No sé a qué hora era el turno de las mujeres, se reunían mis 4 tías y algunas vecinas a escuchar una cosa que ellas llamaban «simplemente María», no sé de qué iba el asunto, pero todas lloraban cuando a alguien le pasaba algo terrible, un accidente, una enfermedad o despellejaban a otros cuando estos actuaban mal, decían que malo o mala es. Vivian intensamente las situaciones, parecía, o eso creían que eran situaciones reales.

Otras series que escuchaban, y lloraban, todas las hermanas juntas, fueron: «El derecho de los hijos» y «Ama Rosa». Pero la que no se podían perder de ninguna manera era el Consultorio de Elena Francis, pues al parecer el conocer las desgracias, desdichas y problemas de otras personas les hacía más llevadera su austera y sacrificada vida.

Las voces del cuadro de actores de radio Madrid, Pedro Pablo Ayuso, Matilde Conesa, Matilde Vilariño y Teófilo Martínez, entre otros les eran tan familiares como las de sus maridos o vecinas, eran gente conocida, casi amigas.

Los programas que abogaban por la solidaridad como «Cabalgata de fin de semana» presentado por un tipo muy ameno y dicharachero que se llamaba Boby nosequé, y que era muy querido, también otro que se llamaba «Ustedes son formidables», era muy apreciado.

La radio representó, en aquellos duros años, una especie de válvula de escape a tanta frustración y penuria.

Los hombres y los niños mayorcitos, se volvían medio locos escuchando la narración de los partidos de futbol con el locutor de moda Matías Prats, justo al lado de mi casa había un local vacío y no sé cómo se las arreglaron pero en el mundial de futbol de 1950, que se celebraba en Brasil, estaban escuchando la retransmisión del partido

Inglaterra España, cuando las paredes temblaron, fue como un trueno ensordecedor, mi madre salió a la calla para ver qué había pasado, un jugador español, un tal Zarra, había marcado el gol que derrotaba a la pérfida Albión, así llamaba el régimen a Inglaterra.

Los niños escuchábamos programas infantiles, sobre todo canciones.

La radio tuvo un gran impacto en mi vida, que se acentuó cuando llegó la televisión.

LA TELEVISIÓN

Y si la radio creó entre nosotros, grandes y pequeños, una especie de adición, la televisión ya colmó el vaso.

Los «culebrones» tenían amarradas a la pequeña pantalla a las amas de casa, y cuando terminaban se pasaban horas comentando el episodio y tratando de adivinar qué pasaría en el siguiente.

A los peques nos fascinaban los dibujos animados, y las películas de animales, mi preferida era Lassie, la perrita y me divertía las correrías del Pájaro Loco. y las Aventuras de Rin Tin Tin. Pero se llevaba la palma las Aventuras de Tarzán, vi todas sus películas, las más tierna era para mí Tarzán y su hijo, el pequeño Torak.

A los mayores las series como Perry Mason, Bonanza o los Intocables eran sus preferidas. Historias para no dormir les hacía perder el sueño y Estudio 1 les retrotraía a las obras de teatro que algunos habían contemplado alguna vez en vivo y la casa de los Martínez les metía en un ambiente con el que se sentían identificados.

Pero lo que más me fascinaba era la publicidad, que mostraba un mundo que para mí era desconocido, había dos espacios que me hacían soñar, uno era de una marca de tabaco, Marlboro, aquellos caballos salvajes y sobre todo el primer plano de un atractivo vaquero, con gesto de tipo duro, encendiendo un cigarrillo, eso me producía una corriente interna que no soy capaz de describir.

Y la esplendorosa belleza de una amazona sobre un alazán blanco, que correteaba por la orilla del mar, una belleza rubia, luciendo pierna y una voz muy insinuante que decía: «Terry me va». No entendía bien quien era Terry, si el caballo o la amazona, pero me gustaba.

No tenía idea de que en el mundo existieran mujeres tan bellas, me sentía, aunque mi entorno me decía que tenía buen «tipito», como un patito feo. comparándome con esa bella amazona.

Y el de una chica, saliendo de la piscina, corriendo hacia la cocina donde había un enorme mueble blanco, al que llamaban frigorífico y decía algo sobre lo bueno o bonito que era o algo así.

Si las series radiofónicas eran una fuente de lágrimas para mis tías y vecinas, las televisivas aun lo fueron más.

En Cádiz hay una expresión que se utiliza normalmente cuando algo es poco creíble, y es «eso es de película», esto viene de que cuando en las primeras películas americanas aparecían en la puerta de un establecimiento un asador de pollos, los niños exclamábamos, «eso es de película», porque pensábamos, con el hambre canina que pasábamos, que la gente agarraría los pollos y saldría pitando.

EL PAPEL DE LA MUJER

Recuerdo cómo me sublevaba el papel que tenía la mujer en la España de los años 50 y como me decía que yo no lo aceptaría , quería volar, ser libre.

Nos educaban para ser madres y esposas, los únicos trabajos a los que podíamos aspirar era ser enfermeras, costureras o limpiadoras.

El papel de la Iglesia en este aspecto resultaba fundamental para imbuir en nosotras esa mentalidad decimonónica. Para ello nada mejor que la educación, las chicas solo podíamos asistir a los colegios de monjas, no había escuelas públicas, yo me eduqué con las monjas del Colegio de la Virgen de la Palma, sito en la calle de La Palma en el barrio de la Viña. La educación era segregada.

Se nos educaba para ser buenas esposas y mejores madres, nuestro fin era la procreación, dar hijos a la patria

En el marco de esta educación, se instituyeron lo que llamaban normas de decencia: los vestidos debían ser de manga larga o por lo menos hasta el codo, de escote alto, las faldas amplias que no dejaran vislumbrar las formas del cuerpo, por debajo de la rodilla y sin transparencias.

No podíamos salir solas ni ir acompañadas de varón que no fuera un familiar.

Si una mujer cometía adulterio era severamente castigada, no se llegaba al caso de la lapidación física del islamismo, pero si se practicaba la lapidación social, incluso las viudas debían mantener el recuerdo del ausente guardando un luto riguroso durante toda su vida.

Los niños tenían que ser bautizados y a la edad de siete años recibir su primera comunión. En el área rural la asistencia a la misa dominical era obligatoria y en el templo los hombres estaban separados de las mujeres.

Los matrimonios tenían que ser canónigos, se prohibieron los civiles y se abolió el divorcio.

Los únicos que podían tomar decisiones sobre compras, ventas o actividades legislativas eran los hombres, las féminas no tenían ni voz no voto.

Esta injusta situación me llevó a enfrentarme a mi padre en más de una ocasión, lo que me valió alguna que otra bofetada.

Cuando en 1938 se promulgó el Fuero del Trabajo se prohibió a las mujeres apuntarse en las listas de empleo. Solo se permitían situaciones especiales, como ser viuda, tener una prole numerosa, haber sido abandonada por su marido o que este estuviera incapacitado.

Solo si eras soltera y no tenías medios te podías dar de alta en las oficinas de empleo y en casos especiales si poseías alguna titulación académica.

En 1942 la Ley de Reglamentación implantó que una mujer trabajadora debería dejar su puesto si contraía matrimonio.

Para incentivar la procreación se instauró el programa de «puntos», por cada hijo , a partir del segundo, te pagaban 15 pesetas por vástago, hasta un máximo de doce. Y por si este incentivo no era suficiente para mantener a la mujer en casa, en 1946 se promulgó una ley por la que si la mujer optase por trabajar el subsidio sería derogado.

Aquellas mujeres que por la razones que fueren no tenían o no querían tener hijos se las llamaba, despectivamente, «mujeres incompletas», los más educados las llamaban «mujeres sin realizarse».

La Sección Femenina del partido único, la falange ,publicó La Guía de la buena esposa, en la que se deslizaban unas perlas cultivadas que hoy llenarían de ira a nuestras feministas recalcitrantes, y es justo reconocer que con razón.

Algunas de estas perlas eran:

Ten preparada una deliciosa cena para cuando él llegue. (Que alguien me explique cómo se prepara una delicios cena con la cartilla de racionamiento, pero así eran aquellos tiempos, pan, amor y fantasía).

Antes de su llegada, descansa y acicálate para que te encuentre hermosa y reluciente Retoca tu maquillaje y luce lo mejor posible (esa, ese o eso que escribía esas cosas, debía hacerlo después de hincarse media botella de manzanilla de Sanlúcar, ¿maquillaje?, si no había para comer quien usaba esos potingues, solo las mujercitas de los jerarcas y los nuevos ricos salidos del estraperlo).

Da los últimos toques a la casa para que le resulte acogedoras (Pero si casi la mayoría de la gente vivía en una habitación, o si tenía más de una no tenía más que una cama, una mesa y unas pocas y vetustas sillas (Aquel panfleto parecía Alicia en el país de las maravillas)

Compréndelo no te enfades, si llega tarde o sale a divertirse sin ti, incluso si no aparece en toda la noche entiende sus compromisos (Es decir acepta con una sonrisa el dolor de cabeza debido al peso de la cornamenta)

Escúchalo sin interrumpirle sus temas son más importantes que los tuyos.

Nunca se podrá cuantificar el daño psicológico que la Santa Madre Iglesia ha infligido a las mujeres españolas, no llegó a los extremos del Islamismo pero cuasi.

La Iglesia tenía un prototipo para la mujer: casada, reina del hogar, buena madre y esposa, piadosa y recatada, caminar con la cabeza gacha y aguantar carros y carretas sin rechistar.

Las hijas, salvo que fuera «por tomar estado», es decir casarnos, no podíamos abandonar el hogar hasta cumplir veintitrés años, lo cual no dejaba de ser una incongruencia porque la mayoría de edad se otorgaba a los veintiuno. Y aun así no teníamos derecho a escoger y ejercer una profesión, realizar ninguna operación de compraventa, firmar un contrato de trabajo o abrir una cuenta bancaria.

Esta retrógrada situación se mantuvo hasta principios de la década de los 60, cuando los trabajadores comenzaron a perder el miedo a la represión e iniciaron una serie de huelgas y protestas.

Los Planes de Estabilización de 1959 y de Desarrollo de 1961 propiciaron la incorporación de la mujer a las actividades industriales. El régimen pensaba que las féminas serían más disciplinadas y sumisas, más fáciles de manipular.

A mí me enervaba, me hacía arder la sangre y me carcomía la impotencia.

Pero también teníamos momentos que se me han quedado grabados en el alma.

Y uno de ellos fue cuando descubrí la radio.

LA LENTA EVOLUCIÓN

Vislumbraba que algo tendría que ocurrir, leía los periódicos y oía las noticias, el mundo estaba en ebullición

La Segunda Guerra Mundial había obligado a los países envueltos en la contienda a utilizar a las mujeres en todos aquellos trabajos que hasta el comienzo de la contienda les había estado vedados.

En los Estados Unidos e Inglaterra, los hombres estaban atareados en matarse unos a otros y las mujeres se unieron al esfuerzo de guerra, se convirtieron, en torneros, fresadoras, conductores de autobuses y trenes, se incorporaron a la construcción naval, como soldadoras, carpinteros, gruistas, eran capaces de hacer de todo y de hacerlo bien. Y en las fábricas de material de guerra.

Y al terminar el conflicto ya no estaban dispuestas a retroceder, esta marea, este sunami intuía que tarde o temprano, más temprano que tarde no tardaría en llegar a España.

La apertura de España al mundo exterior trajo como consecuencia un éxodo de los hombres jóvenes (y de algunas mujeres) al extranjero en busca de un trabajo que su país no le ofrecía, mi hermano mayor fue uno de ellos.

Por otro lado, se inició, primero de forma muy limitada que pronto se convirtió en masiva, una invasión de gente, turistas, que para nosotros eran como extraterrestres, con sus desenfadas formas de vestir y de comportarse. Fue un choque cultural brutal.

Estábamos pasando de playas donde la asistencia se separaba por sexos, como era el caso de la familiar playa de La Caleta, donde las mujeres y los niños podíamos permanecer en ella hasta las seis de la tarde, hora en la que teníamos que plegar velas para que entraran los hombres, a playas como la de la Victoria, en el extrarradio, donde las turistas, sobre todo francesas , lucían unos minúsculos bikinis, que por un lado nos escandalizaban y por otro lado nos hacía sentir envidia. Y que dicho sea de paso, despertaban la lujuria en los hombres.

Como oí decir un día a alguien, los hombres españoles tenían hambre sexual de siglos.

La iglesia que hasta entonces se había convertido en la guardiana de la decencia tuvo que empezar a hacer la vista gorda y mirar para otro lado. De dictar normas sobre la ropa que debían vestir las mujeres a permitir que entran al templo con minifaldas y vestidos sin manga y por supuesto con la cabeza descubierta.

La mujer española, que como es tradicional siempre va por delante de la sociedad, no tardó en adaptarse a los nuevos tiempos, vio en estas guiris un ejemplo a seguir y se subió rápidamente al carro. Se acabaron los negros vestidos de luto, empezó a lucir vestidos coloridos, se olvidó de las fajas y liberó su cuerpo. Las más descaradas decían: «lo que se han de comer los gusanos que lo disfruten los cristiano» o como decían las más iconoclastas «el muerto al hoyo y el vivo al bollo».

Y entonces llegó la revolución sexual y la minifalda.[7]

Yo creo que fue a partir de estos momentos, cuando salió a relucir mi temperamento rebelde y emancipador, yo deseaba ser y sentirme como esas jóvenes encantadoras que lucían sus cuerpos con toda naturalidad.

Y llegó la década prodigiosa de los sesenta.

EL DESPEGUE ECONÓMICO

Las remesas de divisas enviadas por los millones de emigrantes, se hablaba de más de cuatro millones, y la llegada masiva de los turistas y su alto poder adquisitivo insuflaron un caudal ingente de dinero a las paupérrimas arcas españolas. La economía experimentó un despegue tan asombroso que se llegó a hablar del milagro económico español.

La nación paso de una economía autárquica a abrazar el capitalismo.

El régimen, en contra de sus deseos, tuvo que ir cediendo en las costumbres y relajando los controles, en los hoteles ya no se pedía el libro de familia si una pareja quería reservar una habitación.

La censura a los medios de comunicación se moderó, las películas ya no eran mutiladas, o por lo menos la censura se hizo más permisiva, la censura había llegado a extremos tan ridículos que los espectadores salían de las salas de cine sin haber entendido nada, como en los casos paradigmáticos de La Gata sobre el Tejado de Zinc, donde el espectador no entendía porque la esposa del protagonista tenía tantos celos del «amigo» de su marido, comprensión que solo llegó años después cuando se enteró de que la entrañable amistad era una relación homosexual. Esta modalidad de amor no existía en España.

O en el caso de las Nieves del Kilimanjaro, el espectador no entendía porque el protagonista se cabreaba tanto cuando «su hermana» era cortejada por el guía de la expedición hasta descubrir que la hermana no era tal sino su esposa. El incesto estaba prohibido en España, las españolas eran todas muy honestas. Eso de los «cuernos» era solo cosa de guiris.

LA DÉCADA PRODIGIOSA

La década de los sesenta fue, no solo a nivel español, sino mundial, una explosión de creatividad, pero sobre todo un sunami de reivindicaciones, una explosión de exigencias, una busca desesperada de la verdad.

Los años de posguerra se habían distinguido por el buenismo, la paz, la concordia, la amabilidad, la contienda había creado un mundo feliz, todo era dulce, bucólico, seráfico. Lo que era entendible hasta cierto punto, la humanidad había quedado traumatizada por una guerra que se había cobrado un peaje espeluznante, casi 100 millones de muertos y un continente, Europa, destrozado.

Y en este clima de beatitud pendía de un hilo la espada de Damocles del holocausto en forma de contienda nuclear.

El imperio surgido de las cenizas de la contienda mundial, ,léase los Estados Unidos, estaba pasando por una etapa convulsa, más que convulsa agitada, Joseph McCarthy[8], un paranoico senador había desencadenada una brutal campaña anticomunista, la no victoria en la guerra de Corea y las crisis de los misiles rusos en Cuba[9], habían producido en el país un movimiento de protesta, de resistencia a lo establecido y a la política de convertirse, los Estados Unidos, en el policía del mundo.

Surgió el movimiento hippie[10] y su lema :«Haz el amor y no la guerra» se convirtió en el karma de la nuevas generaciones

De forma más pacifica pero igual de reivindicativa nace la canción protesta, el folk music, encarnado sobre todo por Joan Báez[11] y el Rock & Roll de la mano del Rey Elvis Presley[12]

El país estaba inmerso en una especie de guerra civil, la población de color estaba llevando a cabo, a lo largo y ancho de la nación, un movimiento reivindicativo para acabar con la segregación racial, que paradójicamente, en el país adalid de la libertad persistía a pesar de que la esclavitud había sido abolida en 1865 después de la guerra civil americana.

Pero una cosa son las leyes y otra su aplicación.

Había dos sociedades, iguales ante la Ley pero separadas socialmente, existían transportes, locales de ocio y comida solo para blancos. Colegios segregados y los negros no tenían acceso a la Universidad, al menos a las más acreditadas y elitistas.

Al frente de este amplio movimiento de reivindicación se encontraba el pastor protestante Martin Luther King[13] y su famoso discurso «Tengo un sueño».

Y se inició una espectacular ola de protestas y reivindicaciones. De romper con lo establecido y de que la sociedad fuera tratada como compuesta de seres adultos, no infantilizados, nació la canción protesta.

Toda esta efervescencia no tardaría en llegar a nuestro país.

En nuestro país, como era de suponer, surgieron algunos cantautores como Carlos Cano, Luis Eduardo Aute y Labordeta que le dieron voz a los poetas «malditos» del régimen. Los más distinguidos en este aspecto fueron Juan Manuel Serrat y Patxi Andión.

La melena crecida, el vestir descuidadamente y las largas barbas eran una especie de protesta y les hacía ser vistos, por la buena ente, como sucios y desharrapados.

Se dio el caso de un importante empresario, cuyo sobrino, otro desharrapado cantautor, llevaba su mismo nombre y apellido, que le oreció una importantísima cantidad de dinero para que se cambiara de nombre, se avergonzaba del aspecto desaliñado de su sobrino.

En 1957 el régimen dio un golpe de timón y el dictador, con su pragmatismo habitual, dio entrada en el gobierno a los tecnócratas, principalmente miembro de la entonces poderosa e influyente organización religiosa del Opus Dei.

La economía española dio un vuelco espectacular, de la autarquía se pasó, sin solución de continuidad, al capitalismo duro y puro.

Este crecimiento económico, fue tan espectacular que llegó a hablarse del milagro económico español, y provocó un éxodo masivo del campo a las ciudades.

La necesidad de mano de obra impulso a la mujer a entrar en el mercado laboral y a las universidades.

Al final de la década ya había mujeres ejerciendo como Magistradas, Juezas y Fiscalas, Doctoras en Medicina e incluso alguna que otra había estudiado ingeniería.

España dejaba de ser un país agrario para convertirse en uno industrial, aunque con pies de barro, porque la base principal de un país industrial es la investigación y en España esta brillaba por su ausencia.

En 1960 el 15% de la población mayor de 25 años era analfabeta en 1970 todavía era del 12,5%.

Mi hermano contaba que, en 1960, cuando se incorporó al servicio militar la primera pregunta que le hicieron fue si sabía leer y escribir.

Tengo familiares que no fueron nunca a la escuela, aprendieron a leer y escribir merced a la desinteresada ayuda de vecinos y conocidos.

Este boom económico provoco unas desigualdades sociales muy amplias, hubo quienes, con la especulación, se hizo multi millonario mientras que las capas más bajas de la sociedad malvivían, la vida en las ciudades era muy dura, la inflación era galopante en 1965 era del 15% lo que hacía la vida de la gente modesta muy precaria.

Como, en el siglo XVII, Juan de Mariana dijo: «la inflación es sacar el dinero del bolsillo de los pobres»

No había clase media, solo ricos y pobres., aunque paulatinamente esta situación fue cambiando, seguía habiendo pobres pero ya apuntaba una clase media, baja, pero clase media.

La mejora de las condiciones de vida provocó un baby boom y gracias a la mejora de la ingesta de alimentos como carne, leche, frutas y verduras que sustituyó a la comida tradicional de patatas y pan, les hizo crecer más sanos y fuertes, la altura media que hasta la fecha había sido de 1,5 metros en los varones pasó a ser de 1,70 metros.

La construcción de viviendas creció exponencialmente pero el déficit era alarmante, la especulación y unas normativas estrechas y llena de obstáculos hacía que los precios las pusieran solo al alcance de los más afortunados. Ello hizo aparecer el fenómeno del chabolismo, donde la gente construía sus viviendas con planchas de uralita, trozos de cartón y otros restos,, la zona carecía de servicios e infraestructuras.

Se construyeron viviendas de pésima calidad en lo que se conoció como «ciudades dormitorio».

La incipiente clase media ya disfrutaba de teléfono, frigorífico y televisión.

Y apareció el icono de la década, el automóvil y su famosísimo modelo, el Seat 600. ¡Cuántos embarazos no deseados fueron fruto del dichoso cochecito!

La llegada masiva de turistas procedentes de la Europa civilizada, la Occidental, principalmente, franceses, alemanes e ingleses hizo que la mentalidad del españolito media fuera cambiando, se hicieron famosas las turista suecas por su manera tan liberal de entender la vida peor sobre todo por su proclividad a practicar el amor libre.

Los/las emigrantes españoles que regresaban de vacaciones venían ya impregnados de ese espíritu libertario, lo que provocaba el escándalo en sus padres todavía anclados en el pasado. Una amiga mía, que estaba de vacaciones fue castigada por sus padres por salir a la calle con un pantaloncito corto. Cosa que hacía con toda naturalidad en Alemania donde estaba trabajando.

Y con esta ola de turistas y emigrantes que volvían de vacaciones llegaron todas las modas y movimientos culturales, sobre todo la música, que hasta entonces estaba dedicada al flamenco y la canción española, ¡llegaron las chicas ye-yé.

LAS CHICAS YE-ÝÉ

A finales de los cincuenta en una sección de un programa de radio francés titulado Salut les copains,(Hola amigos) la sección Le Chouchou de la Semaine (favorita de la semana) tenía mucha audiencia juvenil. Y toda melodía que se incluía en esta sección se convertía en un éxito de ventas.

Era una música solo para jóvenes, una ,mezcla de soul, rhythm & blues y pop, e interpretada mayoritariamente por grupos de chicas (girl groups) como The Ronettes, The Shirelles, The Shangri.

En Francia comienzan a aparecer cantantes femeninas como Sylvie Vartan, Françoise Hardy y, Mireille Mathieu. En España las pioneras son Gelu, Karina, Rosalía, Lita Torelló, Lorella, Ana Belén, Marisol y Rocío Dúrcal.

Por lo general los temas de las canciones eran irreverentes, ingenuos, rompedores y sin saberlo estaban creando una nueva filosofía de vida, se estaba creando una nueva generación de jóvenes, iconoclastas, contestaros rompedores e innovadores, a la que, en España, se le dio el nombre de la generación ye-yé.

En muchas de las melodías cantadas en inglés la interjección Yeah, yeah es usada, quizás con demasiada frecuencia, y su sonido en español es algo así como ye-yé.

Nos adherimos rápidamente a esta tendencia, vestíamos desenfadadamente y tratábamos de comportarnos con el mismo atrevimiento y desparpajo.

Nuestro modelo, nuestro ejemplo, era la actriz Concha Velasco que en la película Historias de la Televisión hacía de chica ye-yé y que interpretaba una pegadiza canción que glosaba una historia de amor-desamor juvenil. Se convirtió en nuestra heroína, ahora diríamos en nuestra icono, pero en aquellas fechas los iconos se dejaban para las iglesias. Nosotras queríamos divertirnos y disfrutar del divino tesoro de la juventud. Imitábamos sus gestos, sus actitudes e incluso la forma de relacionarse con los chicos. Repetíamos las estrofas de su canción cuando queríamos zaherir a algún «capullito de alelí», que, por cierto, eran más abundantes de lo que hubiese sido deseado.

La pegadiza melodía y su desenfado disparaba nuestra adrenalina y nos contorneábamos como poseídas por un torrente interior.

No te quieres enterar / Que te quiero de verdad /

No te quieres enterar / No te quieres enterar, ye-yé / Que te quiero de verdad, ye-ye-ye-yé / Y vendrás a pedirme de rodillas / Un poquito de amor /Pero no te lo daré, ye-yé / Porque no te quiero ver, ye-ye-ye-yé /Porque tú no haces caso, ni te apiadas /De mi pobre corazón

Búscate una chica, una chica ye-yé /Que tenga mucho ritmo y que cante en inglés /-el pelo alborotado / el pelo alborotado / Y las medias de color, las medias de color.

Una chica ye-yé, una chica yeyé /Que te comprenda como yo /No te quieres enterar, ye-yé

Que te quiero de verdad, ye-ye-ye-yé

Y vendrás a pedirme y a rogarme / Y vendrás, como siempre, a suplicarme / Que sea tu chica, tu chica ye-yé / Que sea tu chica ye-yé / Que sea tu chica, tu chica ye-yé / Que sea tu chica ye-yé / Ye-yé /Ye-ye-ye-yé, ¡woh!

Pero el mundo seguía girando, los países africanos se independizaban uno tras otro.

Un caso que conmovió las conciencias del mundo libre fue cuando de la noche a la mañana, Alemania fue dividida en dos, con la construcción del muro de Berlín y que se extendió por toda Alemania, un muro de hormigón y alambre de espino de más de 156 kilómetros de longitud y una altura de entre tres y cuatro metros.

Mi padre que como todo currante tenía simpatías comunistas estaba escandalizado, mascullaba en voz alta que era sucia propaganda capitalista, pero ante la evidencia de las fotografías que era para defenderse de una invasión de la Alemania capitalista y de los «jodidos» yanquis.

No he entendido nunca, esa contumacia de los socialista y comunistas en perpetuarse en sus ideas, sin evolucionar, sin utilizar el sentido común y su renuncia a llamar blanco lo que es de ese color y negro a lo que es negro.

Yo vivía en mi limbo particular, me había convertido en una jovencita quinceañera que estaba más interesada en «mover el esqueleto» al ritmo del Rock & Roll y en descubrir ,mi propia sexualidad que en lo que ocurría fuera de mi pequeño universo. Pero mi padre era asiduo lector del único periódico impreso de la ciudad. El Diario de Cádiz, no es que lo compra es que tenía un amigo de la infancia que era linotipista y le dejaba el ejemplar que la empresa, graciablemente, daba a sus empleados.

Mi padre no es que leyera el rotativo, es que lo comentaba , lo radiaba para sí mismo, por lo que todos en la casa estábamos informados de lo que acontecía en un mundo que nos parecía se estaba volviendo loco.

Un día de octubre de 1962 mi padre abrió el periódico y dio un grito desgarrador, ¡se acabó, nos vamos al carajo!, mi padre no era mal hablado por ello me llamó la atención este exabrupto.

Mi madre acudió presta para saber que pasaba, Mariano me has dado un susto de muerte, ¿Qué puñetas te ha pasado?

¿Qué ha pasado? Pues que entre los americanos, los rusos y los «capullos» de los cubanitos nos han metido en un «carajal» del que vamos a salir, si Dios no lo remedia, chamuscados.

Me llamó la atención que mi padre que era agnóstico apelara a la ayuda divina, pero así es el miedo.

¿Se puede saber que puñetas han hecho esos cubanitos?

Pues permitir que los «descerebrados» rusos instalen misiles nucleares en Cuba..

Y a ti que te importa Cuba está muy lejos, le replicó mi madre.

Mi padre la miró, no dijo nada y se volvió a su periódico, su jamoncito y su vinillo.

La instalación de los misiles nucleares en Cuba llevó al mundo al borde del Holocausto

En1960 la sociedad americana había elevado a la presidencia de los Estados Unidos al primer político católico , lo que llenó d orgullo, que yo no entendía, a la sociedad española.

Era un hombre joven, atractivo y que hablaba un lenguaje que gustaba a la gente, pronto se convirtió en un ídolo de muchos jóvenes, todos querían parecerse a Kennedy, por ello su asesinato sumió en el desconcierto y la pesadumbre a todo el mundo occidental y a la opinión pública americana en particular.

Estos dos inconexos acontecimientos marcarían el devenir de la nueva década.

Kennedy[14] fue tiroteado en Dallas (Tejas) en noviembre de 1963

Este era mi entorno, austero con carencias, pero me sentía protegida, arropada por una familia humilde pero unida.

Y de pronto mi vida dio un vuelco, para bien o para mal, me llevó por un camino que nunca vislumbré

[1] *LAS CARTILLAS DE RACIONAMIENTO*

Se establecieron en 1939 y se abolieron en 1952, eran individuales y además de la cantidad de alimentos a recibir, te indicaba el lugar de recogida de forma y manera que tenían controlado al rebaño. Había una cartilla para la carne y otra para el resto de los escasos alimentos que se distribuían

Las colas de espera eran extensas y se podían perder horas hasta conseguir la cuota marcada.

El decreto Ley decía: «Nos enfrentamos a la imperiosa necesidad de asegurar el abastecimiento de la población y evitar el acaparamiento. Se establece, de forma temporal, el sistema de

racionamiento de aquellos productos considerados como esenciales para los 26 millones de españoles».

Al mismo tiempo se establecían algunas excepciones como por ejemplo, los varones adultos recibían el 100% de los alimentos, mientras que las mujeres y los ancianos solo podían adquirir el 80% y los menores de cuatro años solo el 60%. La base principal era pan negro, patatas, arroz, aceite y leche.

Y como es natural en un país de pillos, pronto salió a relucir la picaresca, el estraperlo o mercado negro.

Los grandes productores agrícolas reservaban parte de las cosechas para venderlos en el mercado negro, la gente con medios viajaba a los pueblos para abastecerse y revender parte de lo que habían adquirido.

La población gatuna se vio sustancialmente reducida, de ahí viene la expresión «que no te den gato por liebre» porque según oí muchas veces a mi padre el gato cocinado sabe igual que la liebre y lo decía por experiencia.

En el ámbito rural se comían a las cigüeñas, a los perros e incluso a burros pequeños. Los españoles hicieron suyo el dicho chino que reza: «todo lo que vuela se come, menos los aviones y todo lo que tiene pata se come, menos las mesas y las sillas».

Y aún con el sistema de racionamiento se calcula que en el periodo 1939-1942 el número de víctimas mortales por la desnutrición y las enfermedades asociadas pudo llegar a 600 000.

En Galicia de aquellos polvos vienen los lodos actuales

Los que tenían medios, se desplazaban hasta la vecina Portugal que gracias a sus colonias africanas disfrutaba de un mejor nivel de vida. Los gallegos pudientes se proveían de todo lo que necesitaban en el vecino país.

Lo que comenzó como una actividad privada, pronto se convirtió en una actividad generalizada, organizada y muy lucrativa. Se organizaron en clanes y sus miembros pronto se convirtieron en prósperos, respetados y prestigiosos ciudadanos.

A finales de los años 50 el país empezaba a mejorar su nivel de vida, había escasez, pero la miseria no era tan evidente.

En 1953 el gobierno del General Franco firmó un convenio con los EE.UU. de América, en plena guerra fría, por el cual los americanos podían construir cuatro bases militares en suelo patrio, a cambio de una sustancial ayuda económica y militar. Este convenio dio lugar al cese del aislamiento internacional que padecía el régimen dictatorial.

A medida que el país prosperaba el negocio del estraperlo disminuía. Pero como a nadie le gusta ir de más a menos, los capos del estraperlo se convirtieron en los capos del contrabando de tabaco.

Las marcas americanas de tabaco, sobre todo rubio que era más suave, Marlboro, Pall Mall, Camel, Winston, etc no se encontraban en España, el país era un coto cerrado a los productos extranjeros, como protección a los productos nacionales de peor calidad, por lo que estas marcas eran muy solicitadas, ello dio lugar a un floreciente y lucrativo negocio. El contrabando de tabaco rubio americano.

Algunas compañías americanas de tabaco establecieron conexiones con los contrabandistas, les colocaban los productos defectuosos y los excedentes de producción, de forma que todos ganaban, las multinacionales vendían unos productos que en sus mercados no eran aceptables y los traficantes tenían el suministro garantizado y a mejores precios. Todos ganaban.

El volumen del negocio generado por el contrabando llegó a ser de tal magnitud que más de un tercio del tabaco de contrabando en Europa procedía de Galicia.

Las autoridades actuaban, solo de vez en cuando, se anunciaban a bombo y platillo grandes alijos de tabaco, pero la cruda realidad era que la vida seguía igual.

Mientras España mejoraba económicamente, merced en parte al convenio con los americanos, Portugal, por el contrario, empeoraba, habían comenzado las guerras de liberación de sus colonias de ultramar y el pequeño país se desangraba. Se inició una diáspora multitudinaria. Las clases pudientes emigraban, sobre todo a Brasil, los menos favorecidos por la fortuna trataban de entrar en España. Ello dio lugar a otro próspero negocio: el tráfico ilegal de personas.

Los clanes del tabaco tenían ya la estructura establecida, por lo que entraron fácilmente en el negocio.

Y después vino un negocio infinitamente más lucrativo, la droga.

2 EVITA PERÓN

Huyendo de la pobreza de su pueblo natal a los dieciséis años se trasladó a Buenos Aires donde trabajo en teatros de barrio como actriz.

Se casó con el entonces coronel Juan Domino Perón en 1945 al que conoció en un acto benéfico en el Luna Park.

Perón era a la sazón el hombre más poderoso de Argentina, Vicepresidente del Gobierno, Ministro de la Guerra y Secretario de Trabajo y Previsión Social.

Desde este puesto se ganó el aprecio y respeto de la clase trabajadora, gracias a sus medidas, muchas de ellas populistas, en favor de los más desfavorecidos.

Esta política populista de Perón inquietaba al gobierno militar, que veía en él a un potencial enemigo.

La gota que colmó el vaso de la inquietud militar fue la convocatoria de la «Marcha de la Constitución y la Libertad» en la que el pueblo exigía al gobierno militar su retirada a los cuarteles y devolver la soberanía de la nación a la sociedad civil.

La reacción de la Junta Militar fue destituir a Perón y confinarlo a la isla de Marín García en el estuario del Río de la Plata.

Días antes de ser detenido, Perón en una arenga populista declaró: «La emancipación de la clase obrera está en los propios obreros, venceremos en un año o en diez, ¡pero venceremos!.

Se inició así una corriente populista que ha perdurado por casi 80 años en Argentina y ha llevado a este próspero país a la bancarrota.

Y entonces Eva Perón inicia una carrera meteórica hacia el Olimpo de los Dioses, con sus dotes de actriz moviliza a la sociedad argentina para que se manifieste y exigir la liberación del destituido coronel.

La emblemática Plaza de Mayo se va llenando de gente, hace calor y la gente se quita la camisa, acto este que inspirará a Evita lo que posteriormente será su karma, ser la defensora de los «descamisados».

Perón regresa y es aclamado por la muchedumbre, se presenta como candidato presidencial a las elecciones del siguiente año, 1946

Para desgracia de Argentina, había nacido el peronismo.

Evita a la cabeza de una fundación que llevaba su nombre se dedicó, con el dinero público, a repartir ayudas sociales a los más desfavorecidos.

No hay duda de que hizo una encomiable labor por la clase trabajadora y la emancipación de la mujer y su inclusión en el mercado de trabajo.

Pero todo populismo tiene su lado oscuro, no se puede gastar todo lo que tienes e incluso más grave todavía, no se puede gastar lo que no tienes. Pero eso a Evita no le importaba.

En 1947 visitó España, país al que Argentina había concedido un préstamo para adquirir carne, trigo y maíz.

Su popularidad llegó a ser tal que, el paniaguado de turno, el presidente de la CGT (Confederación General de Trabajadores) la postuló para vicepresidenta, candidatura que las Fuerzas Armadas rechazaron por considerarla una activista peligrosa. en virtud de que representaba el ala más radical del peronismo.

En 1950 Evita sufrió un desmayo y como resultado de los análisis que le efectuaron le detectaron un cáncer de cuello uterino que la llevaría a la tumba. Tenía 33 años. Era el 26 de julio de 1952

Nació el mito Evita que ha sido plasmado en canciones, musicales y películas.

Su muerte dejó al régimen sin su carismática líder e inició el declive del ya general Perón. Tres años después fue derrocado por un golpe militar y se exilió en Madrid.

El resto de la historia es bien sabido y de cómo los herederos de Perón y sobre todo la cleptómana saga de los Kirchner ha devastado y arruinado el país.

3 LA AUTARQUÍA

En el ámbito político y socioeconómico, la autarquía se refiere a un estado de completa independencia que produce la mayoría de los bienes necesarios para sus ciudadanos, sin participar del comercio internacional ni depender de los demás.

4 EL CONCORDATO

En una búsqueda desesperada de reconocimiento para su dictatorial régimen, Franco recurrió a una institución poderosísima y que siempre está dispuesta a cualquier trueque siempre que este le sea beneficioso.

Y esta no era otra que nuestra Santa, Apostólica y Romana Iglesia Católica.

Expertos en toda clase de tejemanejes supieron sacar partido de la imperiosa necesidad que tenía la dictadura de un reconocimiento internacional, y ser aceptado y reconocido por la Iglesia era de un calibre superior.

El proceso se inició cuando de su puño y letra el dictador se dignó escribir al entonces Papa Pio XII.

Beatísimo Padre:

«Extendida ahora por la paternal bondad de S.S. el año santo a todo el mundo, España entera y su autoridad se esfuerzan en que las celebraciones jubilares tengan aquí la máxima solemnidad.

Creo que no cabría forma mejor para marcar esta fecha de 1951, en que se cumple el centenario del concordato firmado en 1851, que concertado con la Santa Sede Apostólica uno nuevo donde se resuman los convenios parciales celebrados desde 1941, que, completados adecuadamente, constituyan una norma estable para las amistosas relaciones entre la Iglesia y el Estado español. Derogada espontáneamente por mi Gobierno, desde el instante en que se constituyó, toda la legislación sectaria y antirreligiosa de Gobiernos que nunca representaron el sentir español, abordados y resueltos en convenios posteriores aquellos puntos jurídicos más delicados.

Ha llegado el momento de cumplir el propósito solemnemente

Lo antes posible a la celebración de un Concordato según la tradición católica de la nación española Y asegurarán una pacífica y fecunda colaboración entre la Iglesia y el Estado en España.

Seguro de su comprensión y benevolencia postrado ante Su Santidad, besa, humildemente vuestra sandalia el más sumiso de vuestros hijos».

Según el texto del libro de Stanley G. Paine, El Franquismo

El concordato consta de 36 capítulos y comienza, para marcar territorio, con la siguiente frase: «La religión católica es la única de la Nación Española y gozará de los derechos y prerrogativas que le correspondan con la ley divina y el derecho canónico».

El Vaticano que ya había firmado otro concordatos con regímenes tan execrables como los de Mussolini, y Hitler se mostró poco receptivo y en la mejor de las técnicas curiles le dio tiempo al tiempo, para macerar mejor al dictador. Dejó transcurrir dos años, que al dictador le parecieron dos siglos.

Cuando se iniciaron las negociaciones el régimen desplegó a lo mejorcito que tenía, o por lo menos lo parecía, allí estuvieron el ministro Alberto Martín-Artajo y los embajadores Joaquín Ruiz-Giménez y Fernando María Castiella todos de recia raigambre católica.

El concordato fue rubricado en agosto de 1953

Como era lógico, sobre todo conociendo la sibilina capacidad del Vaticano para este tipo de negociaciones, estas se desarrollaron en un clima evidente de desigualdad, los españoles solo tenían una palabra ¡sí bwana!, los únicos que verdaderamente estaban interesados, la necesidad les acuciaba, en llegar a un acuerdo eran los representantes españoles.

Para compensar de alguna manera a España ante tamaño atraco el controvertido Papa Pio XII concedió a Franco la Suprema Orden de Cristo, la máxima condecoración vaticana.

La Santa Sede concedió a Franco el llamado derecho de presentación, por el cual podría opinar en el nombramiento de los obispos, a cambio de conceder a la Iglesia importantes privilegios en materias de fiscalidad, política y economía.

Se concedió a las órdenes religiosas de un estatus jurídico ad hoc, una dotación económica, la exclusiva en materia religiosa, la obligatoriedad del matrimonio canónico, y lo más importante, la educación escolar.

La miríada de concesiones iba desde subvenciones para construcción de nuevos edificios, pasando por la censura de libros, películas e incluso de la música.

Se le autorizó a constituir universidades, a poseer emisoras de radio, periódicos y revistas.

Inmunidad diplomática, las fuerzas de seguridad no podían penetrar en los espacios religiosos.

Los sacerdotes quedaron exentos de cumplir el servicio militar que para el resto de los españolitos de a pie era obligatorio

En resumen un manejo absoluto de la sociedad española.

La iglesia se convirtió en un poder fáctico y en uno de los tres pilares que sustentarían el régimen dictatorial y personalista durante casi cuarenta años.

5 LOS ACUERDOS DE MADRID DE 1953

Los acuerdos económico militar hispano-norteamericano, los llamados pactos de Madrid comenzaron a gestarse en 1952 y se concretaron en 1953 y supuso un espaldarazo al régimen dictatorial de Franco que empezó a ser admitido y reconocido en la esfera internacional.

Tras su victoria, en abril de 1939, en la guerra civil española, Franco instauró un régimen de terror y represión que, unido a su colaboración con la Alemania nazi, llevó a que las democracias occidentales no reconocieran la legitimidad de su gobierno y *procedieran a un boicot al régimen. El aislamiento de España era absoluto, solo la dictadura portuguesa y algunos países hispanos americanos tenían relaciones diplomáticas y comerciales con nuestro país.*

Incluso antes de que terminara la segunda guerra mundial, en mayo de 1945, ya se habían producido enfrentamientos entre las potencias occidentales, Inglaterra, Francia y sobre todo los Estados Unidos, con la URSS, los países occidentales albergaban serias dudas sobre las intenciones soviéticas en relación con los países de Europa oriental liberados del yugo nazi por el ejército rojo. Se empezaba a gestar lo que dio en llamarse «guerra fría», que mantendría en vilo a todo el orbe durante más de 4o años.

Esta confrontación entre Oriente y Occidente ocasionó unas ventajas muy apreciables para el régimen dictatorial, su situación geoestratégica y su contrastado anticomunismo lo convertían en un factor muy a tener en cuenta en caso de una, siempre temida, invasión soviética de la Europa occidental.

En 1947 ya se apreciaron cambios sustanciales en la actitud de Francia e Inglaterra respecto a sus relaciones con España. Francia reabría su frontera con España, cerrada desde 1946. En 1948 se firmaban acuerdos comerciales y financieros con los dos países.

En 1949, «la pela es la pela», la España franquista recibía su primer préstamo internacional, un banco norteamericano, con la autorización de su gobierno, concedía un préstamo por valor de 25 millones de dólares.

El empuje final para la normalización de relaciones entre los países democráticos y el régimen franquista fue el estallido de la guerra de Corea.

Esta guerra supuso pasar de la fría a la caliente, y sería la primera de otras varias que seguirían hasta la caída de la URSS. Al conocerse que el Sur había sido invadido por la comunista Corea del Norte, el general Franco, que era muy pragmático, envió un mensaje a la administración estadounidense ofreciéndose a: «enviar tropas españolas a Corea para luchar contra el comunismo». La reacción norteamericana a este apoyo fue la petición del senador demócrata Pat McCarran al Export-Import Bank de conceder un préstamo a España de 62,5 millones de dólares.

El embajador, oficioso, de España en Washington, ambos países no tenían relaciones diplomáticas, José Félix de Lequerica había formado lo que se conocía como el «Spanish Lobby», al que el senador McCarran pertenecía.

«¿Qué comisión se llevó el senador? nunca se supo, pero debió ser importante, ¡nadie da nada por nada!»,

Pocos meses después de la concesión de este préstamo, que era una especie de reconocimiento oficial del régimen dictatorial, los embajadores de los países europeos, con Francia e Inglaterra encabezando la marcha, regresaron a Madrid y el país fue aceptado en los organismos internacionales de la ONU.

El interés de los norteamericanos por España se acentuó con la llegada a la presidencia de Estados Unidos del general Dwight Eisenhower, el héroe de la segunda guerra mundial.

El general pronto se percató del valor estratégico de España, no solo por controlar el Estrecho de Gibraltar sino porque podría servir de retaguardia para las tropas americanas en caso de una invasión relámpago soviética sobre los indefensos países europeos. Y que desde las islas Canarias se podría controlar una extensa área del Norte de África y el océano atlántico.

En abril de 1952 se iniciaron las primeras conversaciones que se materializaron en septiembre de 1953.

Para vencer la reticencia del Senado de los Estados Unidos, el tratado se camufló con una triquiñuela semántica, en vez de tratado, que requeriría la aprobación del Senado, se titularía «pacto ejecutivo» entre dos gobiernos.

El «pacto ejecutivo», constaba de tres «acuerdos» por los que se instalarían en suelo español cinco bases militares norteamericanas, en pago, el país recibiría ayuda militar y económica.

Para el régimen dictatorial este pacto fue un balón de oxígeno que añadido al que había recibido un mes antes al firmar el Concordato con la Iglesia católica, le permitiría salir de la situación de aislamiento internacional en el que había estado sumido desde el final de la Segunda Guerra Mundial por su colaboración con el nazismo.

El pacto tenía una vigencia de diez años, prorrogables, y se instalarían cinco grandes bases, cuatro de ellas aéreas en Morón, Zaragoza, Torrejón de Ardoz y San Pablo, la naval estaría situada en la bahía de Cádiz en la ciudad de Rota. Los efectivos humanos alcanzarían los 7.000.

El primer apartado de dicho acuerdo trataba de la ayuda militar que Estados Unidos entregaría a España. A lo largo de los años el ejército de tierra recibiría carros de combate M47 y M48 Patton, M24 Chaffee y M41 Walker Bulldog; cañones M-1A3; obuses M101, M114 y M37; semiorugas M3 y vehículos M4.

Armamento y equipos que para los norteamericanos eran ya obsoletos y desechos, principalmente de la guerra de Corea, sirvieron para la modernización del ejército español cuyo armamento era de origen alemán e italiano.,

La marina fue agraciada con la modernización de los destructores clase Audaz, las fragatas clase Pizarro y los submarinos clase D. Otros buques menores como torpederos, cañoneros y dragaminas también fueron remozados. Y recibió un portaviones al que bautizaron como Dédalo, destructores de la clase Fletcher y Gearing, submarinos clase Balao, la marina americana colaboraría en el desarrollo de las fragatas clase Baleares que los astilleros navales militares españoles estaban diseñando.

La fuerza aérea, que empezaba tener relevancia en la defensa nacional, recibiría cazas F-86 Sabre, aparatos de entrenamiento Lockheed T-33 y Texan T-6 y aviones de transporte DC-3 y DC-4 y aviones de patrulla y salvamento marítimo. Años más tarde recibirían material más moderno como cazas Lockheed F-104 Starfighter y F-4 Phantom II, de transporte Caribou y C-97 Stratofreighter, aviones cisterna Boeing KC-97 Stratotanker y helicópteros Bell 47 y UH-1 Iroquois.

En el apartado referente a la ayuda económica, esta alcanzó, a lo largo de los diez años de vigencia del acuerdo, unos 1 500 millones de dólares en créditos concedidos por el Export-Import Bank y destinados a comprar productos estadounidenses como alimentos, principalmente trigo, maíz, algodón y carbón.

La ayuda militar fue de unos 456 millones destinados a comprar material de guerra de segunda mano (de procedencia norteamericana). Con la sola condición de que fuera, solo y exclusivamente, para uso defensivo.

El tercer apartado y quizás el más importante se refería a la defensa mutua que contemplaba la instalación de bases militares estadounidenses en España y el compromiso de este país a contribuir «a incrementar y mantener su propio poder defensivo y el del mundo libre y aportar los recursos que le permitieran su potencial humano, recursos, instalaciones y situación económica»

El acuerdo sobre las bases explicitaba lo siguiente:

El gobierno de España autoriza al gobierno de Estados Unidos a desarrollar, mantener y utilizar para fines militares, juntamente con el *gobierno de España, aquellas zonas e instalaciones en territorio español bajo jurisdicción española que se convenga por las autoridades competentes de ambos gobiernos como necesarias para los fines de este Convenio.*

Las zonas que en virtud de este Convenio se preparen para su utilización conjunta, quedarán siempre bajo pabellón y mando español y España asumirá la obligación de adoptar las medidas necesarias para su seguridad exterior.

Sin embargo, los Estados Unidos, podrán, en todo caso, ejercer la necesaria vigilancia sobre el personal, instalaciones y equipo estadounidenses.

Aunque las bases, se suponía, estarían bajo mando conjunto, la verdad es que, hasta la llegada de la democracia, los yanquis hicieron lo que quisieron sin oposición ninguna por parte española. Incluso incluía una cláusula secreta por la que los estadounidenses podían decidir unilateralmente utilizar las bases «en caso de evidente agresión comunista que amenace la seguridad de Occidente» sin obligación de dar cuenta al gobierno español.

También se ocultó el almacenamiento de material nuclear en las bases conjuntas, incluida la base de Torrejón en las inmediaciones de Madrid y la presencia de submarinos nucleares en sus instalaciones de Rota.

El tema de las armas nucleares solo llegó a conocimiento de la población civil a raíz del incidente aéreo de Palomares.

Merced a este tratado o pacto, España quedó incorporada al sistema de defensa occidental, pero sin voz ni voto ya que no pertenecía a la OTAN (Organización del Tratado del Atlántico Norte) organización militar creada en 1949 para defender el territorio europea de una eventual agresión soviética. España se convirtió no en un aliado de los Estados Unidos sino «en un satélite estratégico», los políticos y militares españoles eran considerados como socios menores, a los que solo se le lanzaban las migajas y no se les facilitaba ninguna información relevante ¡eran, y se sentían, ninguneados! pero que sirvió al régimen dictatorial para abandonar su aislamiento internacional.

Pero todo el mundo asumía que era el precio que había que pagar para consolidar y mantener el régimen.

Y aunque hubo muchas críticas, estas eran silenciosas, no había nadie capaz de levantarle la voz al Caudillo, o «Claudillo» como le llamaban soto voce. Las críticas argumentaban, ingenuos ellos, que era una relación asimétrica, en sus delirios de grandeza, pensaban que un acuerdo de la dictadura franquista, (una potencia de tercer orden) con la primera potencia económica y militar del orbe, debía ser de igual a igual.

Otra argumentación, y esta lógica, era que con este pacto el país estaba expuesto, en caso de un conflicto de los Estados Unidos con la Unión Soviética a represalias y su territorio, con sus bases, un objetivo prioritario para los misiles nucleares soviéticos.

INCIDENTE DE PALOMARES

El 17 de enero de 1966 sobre el mar mediterráneo a la altura de Palomares (Almería) en una rutinaria operación de avituallamiento de combustible, un avión cisterna KC.135 y un bombardero estratégico B-52 colisionaron en vuelo. Eran los años más calientes de la «guerra fría».

Como resultado del accidente las cuatro bombas nucleares tipo B28 con que estaba dotado el bombardero se desprendieron y cayeron al vacío. Siete de los doce tripulantes de ambos aviones fallecieron, los cuatro restantes tuvieron tiempo de ser eyectados por sus asientos y pudieron salvar sus vidas.

Las cuatro bombas desprendidas del B-52 eran del tipo Mark 28 de 1,1 megatones, tres de ellas cayeron a tierra y la cuarta al mar.

Las tres bombas caídas en tierra fueron recuperadas pero la que cayó al mar, no se encontraba.

Ante la posibilidad de que la bomba cayera en manos no deseadas, la URSS, por ejemplo, la marina americana desplegó una cantidad enorme de recursos, 34 buques, tres minisubmarinos y a un amplio equipo de buceadores, en total más de 3 400 efectivos.

Finalmente, y tras 80 días de búsqueda la bomba fue localizada por el pescador local de la localidad de Águilas llamado Francisco Simó Orts que, mientras pescaba había observado el accidente aéreo y visto caer la bomba, el minisubmarino Alvin pudo extraerla desde los 869 metros de profundidad donde se encontraba.

Desde ese día al pescador se le conoció como: «Paco, el de la bomba».

Las tareas de recuperación significaron un gasto al departamento de defensa americano de unos 80 millones de dólares.

Palomares es desde esa fecha una de las poblaciones de más contaminación radioactiva del mundo.

A pesar del secretismo con que se llevaron todos los detalles del accidente, los rumores de la alta contaminación que padecía la zona no tardaron en extenderse, el gobierno organizó un espectáculo informativo en el que el entonces ministro de Información y Turismo Manuel Fraga Iribarne y el nuevo embajador americano en España, Angier Biddle Duke se dieron un baño en la playa de Quitapellejos, baño que fue emitido en directo por la RTVE y en diferido por el NO-DO, para disipar los rumores sobre la contaminación y la peligrosidad de la zona. Se trataba de salvar el turismo, la principal fuente de ingresos de la zona.

[6] PIRRIAQUE

Vino de poca calidad, normalmente se llamaba así a los vinos de Valdepeñas, que no gozaban de muy buena fama y eran baratos.

7 LA MINIFALDA Y LA REVOLUCIÓN SEXUAL

Antes que la minifalda revolucionara al mundo femenino y espantara a los hombres y a las gentes de bien , había llegado, de la mano de los americanos, la revolución sexual.

En los EE. UU. habían aprobado un fármaco que evitaba los embarazos no deseados, una píldora compuesta básicamente de dos hormonas, un estrógeno y un progestágeno.

El uso del fármaco fue inmediatamente incentivado por los movimientos feministas y de derechos civiles.

La mujer ya podía disfrutar del sexo sin temor a quedarse embarazada, hasta la fecha los métodos anticonceptivos que se empleaban en la sociedad eran dos, a cada cual menos fiable, el método Ogino y «la marcha atrás».

El ginecólogo japones Ogino había llegado a la conclusión que la ovulación en la mujer se produce unos catorce días antes del siguiente periodo menstrual; y desarrolló un fórmula matemática para evitar los embarazos. Pero por unas causas u otras el método fallaba muy a menudo.

De hecho cuando le preguntaban a una personas cuantos hijos tenía, la bromista respuesta era: Tengo dos , uno mío y otro de Ogino, en alusión a que el otro era un cálculo fallido siguiendo el método.

El otro método, más primitivo y menos fiable, era el conocido como «la marchas atrás», es decir cuando el hombre sentía que le llegaba el orgasmo tenía que retirarse. Este método, como decía el populo «fallaba más que una escopeta de feria».

Con la ingesta de «la píldora» la mujer se sintió liberada, la sexualidad se convirtió en algo placentero no solo servía para procrear también se podía gozar de ella.

En el cine y en la música el tabú sexual desapareció, el movimiento hippie que propugnaba el amor libre y el derecho de la mujer a gozar de su cuerpo acuñó un eslogan que se hizo viral: «Haz el amor y no la Guerra».

La guerra de Vietnam estaba en todo su apogeo y la sociedad americana se manifestaba en contra de una guerra que no entendían, el movimiento hippie encontró en este conflicto un caldo de cultivo idóneo para su descreída filosofía de vida, nada tenía valor y había que vivir el día a día, como si no existiese un mañana.

La revolución sexual llegó a su culmen en la década de los 70 y 80, los jóvenes españoles se entregaron de lleno al nuevo karma, el sexo prematrimonial se convirtió en cotidiano y los embarazos prematrimoniales en algo cotidiano, las parejas ya no se casaban sino que vivían juntos.

En Norteamérica las jóvenes teen, es decir entre los quince y los 19 años competían por perder la virginidad cuanto antes.

La década de los 70 se puede catalogar como la década del sexo, las drogas y el Rock and Roll, sobre todo en la sociedad norteamericana

LA MINIFALDA

Empezó siendo una falda corta unos centímetros por encima de las rodillas y ha terminado siendo una falda unos centímetros por debajo de la ingle.

En sus inicios significó una revolución en las costumbres y un escándalo para los siempre asustados conservadores y retrógrados.

Aunque su creación se atribuyó a la diseñadora inglesa Mary Quant está declaró recientemente que ella lo que hizo fue popularizar una costumbre que había observado en la jóvenes británicas que acortaban ellas mismas sus faldas. La mujer, como siempre,, a la vanguardia de los cambios.

Lo que en principio parecía, más que una oda a la libertad, una provocación a las viejas costumbres pronto se convirtió en una tendencia.

Siempre me ha llamado la atención y ha provocado mi admiración la celeridad y valentía con que las féminas acogen las tendencias, trasgreden las viejas costumbres y derrumban los viejos tabús, siempre son las precursoras de los cambios, siempre caminan unos pasos y hasta miles de metros por delante de la sociedad, ellas son las auténticas innovadoras de una sociedad que tiende a lo rutinario y a lo previsible.

8 McCarthy

Al término de la Segunda Guerra Mundial y el inicio de lo que dio en llamarse la Guerra Fría, una ola de anticomunismo se extendió por los Estados Unidos e impregnó de paranoia, sospecha y temor a la sociedad americana.

La tensión entre los dos grandes bloques salidos de la confrontación era cada vez más virulento, los altercados, encontronazos y conflictos entre los comunistas y los capitalistas estaba llevando al mundo a las puertas de un desastre nuclear.

Tan temprano como 1938 el congreso de los Estados Unidos había creado el HUAC (Comité de Actividades Antiamericanas) cuya misión sería: «investigar la presencia de elementos subversivos en la sociedad».

Sus comienzos fueron investigar a renombradas figuras de las letras y del celuloide, a los que se acusaban de ser simpatizantes del comunismo.

Permítaseme un inciso: «¿qué puñetas les pasa a todos estos chiquilicuatres que son tan proclives a los dictadores de izquierdas pero ellos son multi millonarios la mayoría?, yo creo que es un tema para tratar por los psicólogos.

Y como es natural, siempre sucede, un neurótico se apropió de la bandera e hizo suya la causa.

El senador McCarthy se convirtió en el azote de todo aquel que mostrara un mínimo de sentido crítico con lo establecido, inició una caza de brujas que abarcaba todos los ámbitos de la sociedad, no se libraba nadie, las fuerzas armadas, los intelectuales, los científicos, nadie estaba libre de ser acusado de comunista o simplemente de simpatizante.

McCarthy no dudó en emplear todas las malas artes que se le ocurrían, acusaciones faltas de pruebas, abuso de su poder, carencia total de escrúpulos, la ley era él En vez de McCarthy bien podía apedillarse Sánchez.

McCarthy y sus seguidores utilizaron tácticas intimidatorias y amedrentadoras para acusar a las personas de ser comunistas o simpatizantes del comunismo. También utilizaron la propaganda y el miedo para polarizar aún más a la sociedad estadounidense.

Miles de personas fueron investigadas, alguna prometedoras carreas artísticas y literarias quedaron destruidas, otras, por simples sospechas, perdieron sus trabajos, la sacrosanta libertad .de expresión y el derecho a la intimidad estuvieron seriamente amenazadas. Es lo que El Impostor Sánchez pretende conculcar ahora.

A medida que pasaba el tiempo, la cruzada de McCarthy comenzó a ser vista con desconfianza por los líderes políticos y la sociedad en general. Esta especie de pesadilla se prolongó durante una década hasta que en 1954, McCarthy fue finalmente censurado por el Senado y perdió su poder político. Su carrera política quedó arruinada y murió tres años después en el anonimato.

Permítaseme un comentario :¿no tiene este personaje algún parecido con el petimetre que asienta sus posaderas en el Falcon?

9 LA CRISIS DE LOS MISILES

La crisis de los misiles, aquí la llamamos la crisis del Caribe comenzó cuando Jrushchov en su supina ignorancia pensó que podría amedrentar a los EE. UU. instalando misiles nucleares R12 y R14 de medio alcance en su patio trasero, demostró desconocer por completo la mentalidad de los norteamericanos.

Ni el bloqueo de Berlín, ni el derribo del avión espía U2, ni incluso el túnel debajo de las calles de Berlín o el derribo del vuelo de la Korean Airlines interceptado sobre territorio ruso o los ejercicios Able Archer, ninguno de estos incidentes nos puso en mayor peligro de una tercera guerra nuclear que la instalación de esos misiles en la isla de Cuba.

Esa instalación provocó que, por segunda vez en la historia de los Estados Unidos, sus fuerzas armadas entraron en la posición Defcom 2, el estado anterior a la entrada en guerra.

El muy estúpido de Jrushchov pensó que los americanos no reaccionarían, el resultado fue una humillante retirada de todo el material ofensivo de esa desafortunada isla. Este estrepitoso fracaso, junto con otras desastrosas decisiones, fue la que al final le costó el puesto.

Esos trepidantes y peligrosos 14 días de octubre comenzaron cuando un avión espía americano, un U2 sobrevoló, en un vuelo rutinario de reconocimiento sobre territorio cubano, descubrió y fotografió unas instalaciones, en proceso de construcción, con rampas para lanzamiento de misiles nucleares de medio alcance.

La reacción americana, largamente discutida por un selecto grupo de ministros (secretarios de estado) del gabinete del entonces presidente John Fitzgerald Kennedy fueron de una intensidad y tensión emocional máxima, había dos tendencias que parecían irreconciliables. los halcones abogaban por un bombardeo masivo de las instalaciones y una posterior invasión de la isla y los más moderados, que eran peyorativamente, catalogados por los halcones como las palomas, que proponían una salida negociada.

El presidente Kennedy exigía que cualquiera que fuese la decisión final esta tendría que ser por unanimidad.

Se barajaron tres opciones:

A) Bombardeo masivo de todas las instalaciones.

B) Bombardeo masivo, seguido de una invasión.

C) Un bloqueo naval de la isla, y para suavizar los términos se utilizó la expresión cuarentena.

Las opciones A y B ocasionarían, sin ningún género de dudas, víctimas mortales entre el personal técnico que los soviéticos habían enviado. Si esto ocurría, los soviéticos, para lavar su imagen, tendrían que reaccionar, provocarían cualquier accidente en otro lugar del globo. Se iniciaría una escalada de acciones y reacciones, que inevitablemente terminaría con un enfrentamiento directo entre las dos superpotencias y la utilización del amplio arsenal nuclear que poseían ambas naciones.

La opción C era la menos beligerante, pero conllevaba el riesgo de alertar a los rusos y perder el factor sorpresa.

Al final de estas tensas reuniones entre los militares, partidarios de la opción B y los políticos que preferían la opción C, el presidente Kennedy se decantó por la cuarentena.

Esta medida imponía que todo buque mercante ruso con destino a Cuba fuese abordado e inspeccionado por un equipo de la marina estadounidense, solo se dejaría continuar su viaje si la mercancía que transportaba no fuera de carácter militar

El momento de mayor tensión se vivió cuando el sonar de un destructor americano detectó la presencia de un submarino ruso que escoltaba a dos cargueros.

El presidente Kennedy ordenó al comandante del destructor hacer emerger al submarino. El comandante ordenó arrojar contra el intruso cargas de profundidad huecas, sin explosivos, como señal de aviso. El comandante soviético, incomunicado con su cuartel general en Moscú, interpretó mal las señales y pensó que lo estaban atacando e inició los preparativos para lanzar un misil con cabeza nuclear.

Solo los buenos oficios del segundo comandante del submarino, que interpretó bien las señales, evitaron la catástrofe.

Hubo un intercambio de mensajes, vía teléfono rojo, entre Jrushchov y Kennedy, seguidos de una reunión entre Robert Kennedy, hermano del presidente y Fiscal General del Estado con el embajador soviético en Washington Anatoly Dobrynin y finalmente se llegó a un acuerdo.

Los soviéticos retirarían sus misiles de Cuba y los americanos procederían de la misma manera con los que tenían instalados en Turquía e Italia, y se comprometían a no invadir Cuba.

Nunca el mundo se había visto tan al borde de un holocausto nuclear.

Esta humillante derrota, socavó el ya escaso prestigio que tenía Jrushchov y dio alas a sus enemigos en el Comité Central del partido comunista, que conspiraban contra Jrushchov y lo destituyeron de todos sus cargos, en octubre de 1964.

10 MOVIMIENTO HIPPIE

A mí tía Manuela que era muy de refranes y como ella misma se auto criticaba, añadía «mujer refranera, mujer puñetera», la oí decir muchas veces : «Cuando el demonio no tiene nada en que ocuparse mata moscas con el rabo», esto se podía trasladar a los «nenes, nenas y nenines» de la clase media o alta, que como tienen la endorga bien repleta y las espaldas cubiertas y protegidas por «papa», se dedican a cambiar el mundo. Los demás, ,los desheredados de la tierra, bastante tenemos con sobrevivir día a día.

Esto ocurre ahora con el cambio climático y en salvar el planeta, y el movimiento ecologista o «ecolojeta», se creen que van, ellos solitos, a salvar al mundo, nada nuevo bajo el sol, esto ya ocurrió en la década de los cincuenta con el movimiento hípsters y en la década de los sesenta con los hippies.

Los hippies eran jóvenes y jovenas blancos, de clase media alta que abominaban de los valores de la sociedad conservadora, el consumismo y el capitalismo, se rebelaban contra el ambiente en que habían crecido y del que habían disfrutado.

El origen de este movimiento «cultural» se inició en algunas de las más prestigiosas universidades americanas, donde los hijos de los obreros no osar poner los pies.

Promovían el pacifismo, la libertad sexual, la vida contemplativa ,la vida comunitaria, la ecología y el respeto a los animales, nuestras feministas, ecologistas y otras istas de ahora proclaman exactamente lo mismo, pero se van a vivir, en el momento que pueden, a casoplones con piscina y servicio y de compras a Nueva York en el Falcón Oficial, gratis total.

Pero volvamos a los entrañables hippies,

Se impregnaron de una mística oriental mezcla de hinduismo y taoísmo.

Y en la guerra de Vietnam encontraron su leit motiv, acuñaron toda un sarta de eslóganes cada uno más llamativo que el otro, decían: «Dale una oportunidad a la Paz», «Haz el amor y no a la guerra» y «No, no iremos a la guerra» Y desde luego ellos no iban, ya que la guerra de Vietnam la libraban los negros, los latinoamericanos y algún que otro blanco de los barrios más pobres

Y como tenían que demostrar que ellos eran diferentes pues vestían, hablaban y hasta defecaban de forma diferente.

Melenas largas, descuidadas y sin lavar, ropas de colorines, y maneras groseras., Eran los antisistema. Las chicas dejaron de usar el sujetador y exhibían exiguas minifaldas. Algunas no tenían reparos en mostrar «sus domingas» en público. Esa tal Rita Maestre parece una alumna aventajada de esa tendencia a mostrar públicamente los pectorales.

Y para mostrar que todos somos iguales usaban pantalón de jean, vulgarmente conocidos como pantalón vaquero, que en principio era una prenda obrera y que, por mor de la moda, pasaron a ser artículos de lujo. Según los hippies esta prenda «eliminaba las diferencias de clases sociales».

La entrada de los norteamericanos en la segunda guerra mundial había provocado una expansión brutal del tejido productivo americano, y al término de la guerra había que seguir manteniendo esa descomunal oferta productiva, se creó el american way of life (forma de vida americana) que .básicamente, consistía en una consumo desaforado, hippylandia nació, eso decían, para combatir esa sociedad de consumo.

Y con el movimiento hippie vino la moda del autostop, en un libro titulado en el camino, se instaba a buscar la introspección interior por medio de los viajes y por el camino, ¿Qué camino?, daba igual, a cualquier parte y a ningún sitio, iban ligeros de equipaje .

Y quizás sin saberlo, muchos de ellos adoptaron un modelo de vida auténticamente comunista, formaron comunas con la peregrina idea de autoabastecerse, viviendo de lo que la tierra les provenía. Una utopía como otra cualquiera. Otra de sus muchas utopías.

Y como en esas comunidades todo era compartido, también compartían el amor, todo quisque tenía sexo con todo el mundo.

Y como dicen que la música amansa a las fieras, ellos se refugiaron en esa actividad, algunos espabilados crearon sus festivales ad hoc, donde la actividad principal era el consumo de estupefacientes y la práctica del amor libre.

Aparecieron los grandes festivales de música al aire libre, como el Montgomery Pop y Festival y el más conocido de todos, el Woodstock, estos festivales eran una orgía de música, sexo y drogas.

En 1969 al Festival de Woodstock acudieron más de 400 000 personas al reclamo de :«tres días de música y paz».

La canción San Francisco y su estrofa (be sure to wear some flowers in your head) debió inspirar a las Jóvenes hippies pues se puso de moda llevar flores en sus poco cuidadas cabelleras.

La canción de los Beatles (all you need is love), fue tomada al pie de la letra por la muchedumbre.

Crearon sus propios iconos, sus dioses particulares, Janis Joplin, The Doors, The Beatles, Jim Hendrix, Jefferson Air plane y Bob Dylan entre otros.

Janis y Jim murieron de sobredosis cuando solo contaban con 27 años de edad.

Y como todo lo superfluo suele ser muy efímero, el movimiento hippie fue diluyéndose como un azucarillo en un vaso de agua caliente.

La década prodigiosa de los sesenta dio paso a la que podíamos llamar de la languidez.

Se terminó, con una vergonzosa derrota americana, la guerra de Vietnam, los hippies perdieron su principal argumento.

Los Beatles se disolvieron.

Jimi Hendrix y Janis Joplin dos de sus ídolos habían pasado a mejor vida.

La vida en las comunidades perdió su aureola, era una vida dura y llena de carencias

De aquel movimiento que iba a cambiar el mundo solo queda el recuerdo de un sueño de una noche de verano.

11 JOAN BÁEZ

Nació en Staten Island (Nueva York) fue una cantante y compositora que pronto se distinguió por su lucha en favor de los derechos humanos, la justicia social. y la defensa del medio ambiente.

Comenzó su carrera artística en 1960 y sus tres primeros albúmenes ganaron un disco de oro.

Pronto se convirtió en la musa de la no violencia y el pacifismo.

Se convirtió, merced a su portentosa voz, y su capacidad innata para dramatizar sus canciones, en una de las más carismáticas figuras de la canción protesta, corriente que nació en América como consecuencia de la guerra de Vietnam.

Su talento era tal que tocaba todos los palos, tradicional, folk y Rock.

Sus canciones en español tenían un algo especial, su versión de la canción de Violeta Parra, «Gracias a la Vida», son de las que te hacen estremecer.

La canción Blowing in the wind compuesta por Bob Dylan, otro icono de los derechos humanos en la voz de Joan Báez sonaba de forma diferente.

> How many roads must a man walk down
> Before you call him a man?
> How many seas must the white dove sail
> Before she sleeps in the sand?
> How many times must the cannonballs fly
> Before they're forever banned?

*The answer, my friend, is blowing in the wind
The answer is blowing in the wind*

*How many years can a mountain exist
Before it's washed to the sea?
How many years must some people exist
Before they're allowed to be free?
And how many times can a man turn his head
And pretend that he just doesn't see? The answer*

*The answer, my friend, is blowing in the wind
The answer is blowing in the wind*

*How many times can a man look up
Before he sees the sky?
How many ears must one person have
Before he can hear people cry?
And how many deaths will it take 'til he knows
That too many people have died?*

*The answer, my friends, is blowing in the wind
The answer is blowing in the wind
Oh, the answer, my friends, is blowing in the wind
The answer is blowing in the wind*

[12] ELVIS PRESLEY

Conocido como el rey del Rock & Roll se daba la paradoja de que nunca había estudiado, oficialmente, música y fue la única asignatura que suspendió cuando estaba en la escuela. Tocaba de oído.

Ya desde joven, estando en la escuela secundaria se hacía notar por su apariencia singular, de dejó crecer las patillas y lucía un tupé que moldeaba acicalándose con aceite de rosas y vaselina, que marcó tendencia entre sus compañeros de clase.

Elvis era una especie de mezcolanza de razas, tenía sangre escocesa e irlandesa por parte de madre e incluso cheroqui por uno de sus tatarabuelos y según los que le conocieron personalmente era un joven muy tractivo, tenía algo que enseguida se hacía notar. Una personalidad innata

Sus principios en la música no fueron fáciles, incluso hubo un «espabaliao» que le espetó: «Tú no tienes futuro en este mundillo del espectáculo , dedícate a seguir conduciendo camiones».

Desde muy niño se sintió fascinado por la música de origen afro y escuchaba al cantante de blues Arthur Crudup.

Arthur, conocido como «Big Boy», era a la sazón un destacado cantante de blues, compositor y guitarrista, sus canciones «That´s All Right», «My Baby Left Me» y «So Glad You Are Mine» fueron éxitos de ventas.

Elvis versionó esta última canción

En una entrevista, siendo ya famoso, confesó que él no había sido el inventor del Rock & Roll que esta música ya estaba ahí hacía mucho tiempo, que el Rock no era más que una mezcla de country, rhythm and blues.

Pero la verdad sea dicha, Elvis, el guitarrista Scoty Moore y el contrabajista Bill Black fueron los que mezclando estos tres ritmos construyeron lo que se dio en llamar Rockabilly.

Las interpretaciones de Elvis estaban llenas de energía y vitalidad y su estilo desinhibido le hicieron muy popular al tiempo que muy controvertido.

Y paradojas de la vida y uno más de los insondables misterios de la providencia un movimiento de caderas, piernas y pelvis que surgió de la tremenda sensibilidad al ritmo y a su nerviosismo por tocar en público le hacían moverse de esa forma tan extraña y al mismo tiempo tan cargada de sexualidad. El público enloquecía, las jóvenes se exaltaban y gritaban como posesas. Su movimiento de caderas se convirtió en leyenda.

Esta forma de actuar que surgió de forma espontánea se convirtió en una rutina para Elvis, en las partes instrumentales de sus actuaciones se apartaba del micrófono para mover su cuerpo al tiempo que tocaba la guitarra. Las muchedumbres enloquecían

En 1973 su fama ya era universal y protagonizó el primer concierto televisivo por satélite que se transmitió a todo el orbe, se estima que lo vieron mil quinientos millones de personas, el programa se llamaba: «Aloha from Hawaii».

La versatilidad de Elvis era tal que cosechaba éxitos en todas las tendencias de la música, country, pop, baladas, góspel y blues.

A mí su versión de «Llorando en la Capilla» (Crying in the chapel» aún me hace estremecer.

Elvis que gracias a su música se convirtió en un icono de los movimientos reivindicativos de los negros fue denostado por los blancos, los WASP (White Anglo Saxon People), los blancos de origen anglosajón que lo motejaban de depravado y provocador, de que era la encarnación del diablo por su representación visual y auditiva del sexo. Su movimiento de pelvis era catalogado como obsceno e impúdico.

Algunas organizaciones religiosas enviaron cartas a la casa blanca alertando del peligro que Elvis representaba para la seguridad de los Estados Unidos.

Los expertos en marketing que saben sacar provecho de todo para «vender» su mercancía, exprimían al máximo esta fama de sex simbol y le «inventaban» romances con todas las bellezas del momento, en esta frondosa lista aparecían estrellas de la fama de: Natalie Wood, Connie Stevens, Ann-Margret, Candice Bergen y Cybill Shepherd.

Aunque Elvis nunca se sintió cómodo con estos montajes sabía que eran necesarios para su promoción.

Sus atributos masculinos se resaltaban, las malas lenguas, las lenguas viperinas decían que llevaba una botella de soda, otros que si un tubo de papel o barra de plomo en su ropa interior para resaltar sus atributos masculinos.

A medida que avanzaba su declive como artista, se inició su particular descenso a los infiernos, el excesivo consumo de medicamentos contra la depresión y los periodos de ansiedad fueron minando su salud, había engordado, pesaba 130 kilos y el consumo de drogas le había provocado diabetes, hipertensión arterial, glaucoma, gota, insomnio, migrañas y problemas intestinales.

En 1977 murió de un ataque cardiaco, solo tenía 42 años

En su obituario uno de los oradores dijo de Elvis: «el hombre que llevó abiertamente el flagrante y vulgar frenesí sexual a las artes populares en los Estados Unidos»

13 MARTIN LUTHER KING

Ministro de la iglesia bautista y activista de los derechos civiles, pronto se convirtió en el líder en la lucha contra la segregación racial y se puso al frente en las protestas contra la guerra de Vietnam.

Esta labor le llevó a ser galardonado con el premio Nobel de la Paz en 1964.

Convocó diversas manifestaciones pacíficas reclamando el derecho al voto para los afroamericano y la no discriminación.

Entre sus actividades más destacadas están: El boicot al transporte público en Montgomery (Alabama) que discriminaba a la gente de color , el boicot se inició cuando una pasajera de color se negó, al ser conminada por el conductor, a ceder su asiento a un pasajero blanco, que a decir vedad no se lo había solicitado.

Su mayor triunfo fue la Marcha sobre Washington por el trabajo y la Libertad en agosto de 1963 y que congregó a más de 250 000 personas.

Era el 28 de agosto de 1963 y frente al Capitolio de los Estados Unidos, se congregó la mayor afluencia de gente como nunca antes había sucedido en la capital.

La marcha planteó demandas específicas:
El fin de la segregación racial en las escuelas públicas;
Una legislación que prohibirse la discriminación racial Enel mundo del trabajo.
Protección contra la violencia policial sobre los activistas de los derechos civiles.
Un salario mínimo de 2 dólares para todos los trabajadores sin distinción del color de su piel
Allí fue donde pronunció se celebérrimo discurso I Have a Dream (Tengo un sueño).

Discurso que ha quedado en los anales de la Historia y por el que sería reconocido como uno de los mejores oradores de la historia norteamericana.

Su discurso junto con el Gettysburg Address de Abraham Lincoln está considerado como los mejores de toda la historia americana.

Estas son algunas de esas frases que han quedado grabadas a hierro y fuego en la psique del hombre de color:

«Les digo a ustedes hoy, mis amigos, que pese a todas las dificultades y frustraciones del momento, yo todavía tengo un sueño. Es un sueño arraigado profundamente en el sueño americano».

«Yo tengo un sueño de que un día esta nación se elevará y vivirá el verdadero significado de su credo: Creemos que estas verdades son evidentes: que todos los hombres son creados iguales».

«Yo tengo el sueño de que un día en las coloradas colinas de Georgia los hijos de los ex esclavos y los hijos de los ex propietarios de esclavos serán capaces de sentarse juntos en la mesa de la hermandad».

«Yo tengo el sueño de que mis cuatro hijos pequeños vivirán un día en una nación donde no serán juzgados por el color de su piel sino por el contenido de su carácter. ¡Yo tengo un sueño hoy!»

«Este será el día, este será el día en que todos los niños de Dios serán capaces de cantar con un nuevo significado: «Mi país, dulce tierra de libertad, sobre ti canto. Tierra donde mis padres murieron, tierra del orgullo del peregrino, desde cada ladera, dejen resonar la libertad». Y si Estados Unidos va a convertirse en una gran nación, esto debe convertirse en realidad».

«Entonces dejen resonar la libertad desde las prodigiosas cumbres de Nueva Hampshire. Dejen resonar la libertad desde las grandes montañas de Nueva York. Dejen resonar la libertad desde los Alleghenies de Pennsylvania. Dejen resonar la libertad desde los picos nevados de Colorado. Dejen resonar la libertad desde los curvados picos de California. Dejen resonar la libertad desde las montañas de piedra de Georgia. ¡Dejen resonar la libertad desde la montaña Lookout de Tennessee. Dejen resonar la libertad desde cada colina y cada montaña de Mississippi, desde cada ladera, dejen resonar la libertad! Y cuando esto ocurra, cuando dejemos resonar la libertad, cuando la dejemos resonar desde cada pueblo y cada caserío, desde cada estado y cada ciudad, seremos capaces de apresurar la llegada de ese día en que todos los hijos de Dios, hombres negros y hombres blancos, judíos y cristianos, protestantes y católicos, serán capaces de unir sus manos y cantar las palabras de un viejo espiritual negro: '¡Por fin somos libres! ¡Por fin somos libres! Gracias a Dios todopoderoso, ¡por fin somos libres!».

El discurso llevó a todo el país a concienciarse de la importancia de la lucha por los derechos humanos.

Parte de ese sueño se materializó cuando en 1964 se promulgó la Ley de Derechos Civiles y en 1965 la Ley del derecho al voto.

La ley de Derechos Civiles propició que James Meredith se convirtiera en el primer afroamericano en asistir a la Universidad de Mississippi que hasta entonces había estado vedada para los negros La siguió la Universidad de Alabama.

Y es digno destacar que a pesar de esta segregación racial, cuando su país los necesitó, los hombres de color no dudaron en ofrecerse voluntarios, este fue el caso de los «Tuskegee Airmen» que se convirtieron en los primeros aviadores afroamericanos de las Fuerzas Aéreas americanas.

Intervinieron en combates en el norte de África contra alemanes e italianos y realizaron más de 3 000 misiones. Y aun así estaban discriminados, había escuadrillas de blancos y escuadrilla de negros, hasta que el presidente Truman ordenó, en 1948, la integración de blancos y negros.

Dorie Miller, un afroamericano se convirtió, en Pearl Harbour, en el primer héroe de color en la historia de los Estados Unidos.

Pero no fue hasta 1962 cuando James Meredith, un afroamericano, fue admitido en la Universidad de Mississippi

ASESINATO

Martin estaba en Memphis (Tennessee) para apoyar a los barrenderos negros de la ciudad que estaban en huelga exigiendo mejoras salariales. Salario que era de un 1,70 dólar, pero que si por razones climatológicas no podían desarrollar su labor este salario no se les abonaba, pero a los blancos sí.

Martín y su sequito estaban alojados en el Lorraine Motel de la ciudad.

A las 18,01 del 4 de abril de 1968 Luther King estaba en el Balcón de su habitación cuando un certero disparo en la garganta terminó con su vida.

Al escuchar el disparo sus acompañantes corrieron al Balcón, Martin aún estaba vivo, sus últimas palabras fueron para el musico Ben Branch, quien tenía previsto actuar esa misma noche en una reunión a la que asistiría Luther

Martín con un último esfuerzo le dijo: «Ben, prepárate para tocar esta noche «Precious Lord, Take My Hand» («Señor, toma mi mano»), tócala de la manera más sublime».

Murió a las 19:05 en el St. Joseph's Hospital.

Parece que hay personas que presienten su muerte, el día anterior en un memorable discurso en el Mason Temple, sede mundial de la Church of God in Christ bajo el título de «He estado en la cima de la montaña» dijo:

«En verdad no es importante lo que ahora ocurre. Algunos han comenzado a hablar de amenazas que se perfilan. ¿Qué es lo que me

podría ocurrir por parte de uno de nuestros malvados hermanos blancos?»

«Como todo el mundo, a mí me gustaría vivir mucho tiempo. La longevidad es importante, pero eso es algo que ahora no me preocupa. Yo solo quiero cumplir la voluntad de Dios. ¡Y él me ha autorizado a subir a la montaña! Y he mirado en torno a mí y he visto la tierra prometida. Puede que yo no vaya allí con vosotros».

«Pero quiero que sepáis esta noche que nosotros llegaremos como pueblo a la tierra prometida. Y estoy muy feliz esta noche. No tengo ningún temor. No tengo miedo de ningún hombre. ¡Mis ojos han visto la gloria de la venida del Señor!».

Las protestas por este vil asesinato se extendieron por todo el país y provocaron cientos de muertos, la Guardia Nacional se vio impotente para controlarlos.

La administración Johnson decretó, por primera vez en la historia americana, un día de luto nacional por un afroamericano.

A los funerales asistió el vicepresidente Hubert Humphrey junto a otras 300 000 personas,

Ese mismo día las revueltas callejeras provocaron la muerte de otras 46 personas.

La oración fúnebre fue, por expreso deseo de su viuda, el último sermón de Martin.

Pedía que en sus funerales no se mencionaran sus premios sino que se mencionasen solo sus sueños y anhelos

«alimentar a los hambrientos».
«vestir a los desnudos».
«ser justo sobre el asunto de Vietnam»
«amar y servir a la humanidad».

Su amiga Mahalia Jackson cantó su himno favorito, «Take My Hand, Precious Lord».

La autopsia de King reveló que a pesar de sus 39 años, su corazón parecía el de hombre de más de 60 años, tal había sido el desgate físico de 13 años de lucha por los derechos civiles.

Entre 1957 y 1968, King había recorrido más de 9,6 millones de kilómetros, hablado en público más de 2 500 veces, arrestado por la policía más de 20 y había sido agredido físicamente al menos en cuatro ocasiones.

A título póstumo fue galardonado en 1977 con la Medalla Presidencial de la Libertad y la Medalla de Oro del Congreso en 2004.

Se le concedió a título póstumo la Medalla Presidencial de la Libertad por Jimmy Carter en 1977 y la Medalla de oro del congreso de los Estados Unidos en 2004.

Desde 1986, el 4 de abril es día no laborable en los Estados Unidos.

14 JOHN FITZGERALD KENNEDY

Un personaje histórico con una trayectoria tan amplia y una vida tan extensa requería de varios volúmenes para glosar su figura, por lo que trataré de hacer un somero perfil sobre los puntos que considero más interesantes

Kennedy fue el primer presidente católico en toda la historia americana, esta confesionalidad fue empleada por sus enemigos políticos para tratar de destrozar su candidatura cuando se postuló como candidato a la presidencia de los Estados Unidos.

Miembro de una acaudalada familia de origen irlandés se graduó, cum laude, en Relaciones Internacionales, en la prestigiosa universidad de Harvard.

Su trabajo de fin de carrera al que tituló: «Appeasement in Múnich) y que cuando años más tarde fue publicada en español se tituló «¿Por qué dormía Inglaterra?, hubiese quedado en el ámbito puramente colegial, peo su padre lo convenció para que la publicara y se convirtió en un éxito de ventas.

En la segunda guerra mundial, a pesar de sus problemas crónicos de espalda se alistó en la marina y fue comandante de la lancha torpedera PT-109, la flotilla de lanchas torpederas operaba en el Pacifico Sur.

En una misión nocturna de reconocimiento en las proximidades de Nueva Georgia en las islas Salomón, su lancha fue abordada por el destructor japonés Amagiri y partida en dos, como resultado de la colisión la patrullera explosionó. En la colisión murieron dos de sus tripulantes, los diez restantes nadaron hasta una isla desierta donde permanecieron ocultos hasta ser rescatados varios días después.

Kennedy resultó herido en la columna vertebral

Este hecho agravó aún más sus crónicos problemas de espalda, pero a pesar de ello, el teniente Kennedy no dudo en trasladar en sus espaldas a uno de los marineros que estaba mal herido.

Por esta acción recibió la Medalla de la Marina y del Cuerpo de Marines, con el siguiente reconocimiento:

«Por una conducta extremadamente heroica como Oficial Comandante de la Lancha Torpedera 109 luego de la colisión y hundimiento del navío en la guerra del Pacífico el 12 de agosto de 1943. Sin importar el daño personal, el alférez de navío Kennedy luchó sin vacilar contra las adversidades en las tinieblas para dirigir las operaciones de rescate, nadando muchas horas para rescatar y proveer de ayuda y comida a sus compañeros una vez que éstos se encontraban a salvo en la costa. Su valor sobresaliente, entereza y liderazgo contribuyeron a salvar la vida de muchas personas y a mantener las mejores tradiciones de la Armada estadounidense».

Años después cuando fue preguntado por un periodista como se convirtió en héroe, Kennedy en tono bromista contestó: «Fue involuntario, ellos hundieron mi barco».

Una vez recuperado Kennedy continuó en el servicio activo y volvió a comandar otra lancha patrullera.

Por sus acciones de guerra le concedieron otras condecoraciones como: «El Corazón Purpura», «la medalla de la campaña Asia-Pacifico y la de la Victoria de la Segunda Guerra Mundial».

En 1945 fue honorablemente dado de baja pocos meses antes del final del conflicto, que terminó con la rendición incondicional de los japoneses.

Sus problemas de columna le llevaron a tener que someterse a varios operaciones que le llevaron a las puertas de la muerte, por cuatro veces recibió la extremaunción. Y a llevar continuamente un corsé.

Entre operación y operación escribió un libro que fue galardonado con el premio Pulitzer el galardón más preciado de las letras americanas. Su título: «Perfiles de Coraje», que destaca el valor de ocho senadores de su país que arriesgaron su carrera política por mantenerse fieles a sus creencias y convicciones.

Cuando en 1960 fue elegido presidente, estos valerosos actos de guerra fueron popularizados, se escribieron artículos, libros, documentales de televisión y hasta películas.

La patrullera PT-109. Se convirtió en una de las naves más famosas de la marina americana.

En un discurso pronunciado tres meses antes de su magnicidio dijo: «A cualquier hombre que se le pregunte en este siglo qué hizo *para que su vida valiera la pena, creo que puede responder con harto orgullo y satisfacción: serví en la Marina de los Estados Unidos».*

Durante la campa electoral, su condición de católico practicante le acarreó numerosos problemas, para salir al paso de los infundios en los que se aseguraba que la política estadounidense estaría dirigida por el Papa desde Roma, Kennedy se tuvo que esforzar para dejar clara su independencia.

En septiembre de 1960 y ante la Asociación Ministerial de Houston declara:

«Al contrario de lo que los periódicos señalan, yo no soy el candidato católico a presidente. Soy el candidato del Partido Demócrata a presidente, que resulta que también es católico. No hablo por mi Iglesia en temas públicos, y la Iglesia no habla por mí»

«Pero si alguna vez llegara el tiempo ,y yo no creo que tal conflicto sea remotamente posible, cuando el cargo requiera o que viole mi conciencia o que viole el interés nacional, entonces renunciaré al cargo; y espero que cualquier servidor público cuerdo haga lo mismo»

A la edad de 43 años se convirtió en el primer presidente católico de los Estados Unidos, derrotando al a la sazón vicepresidente Richard Nixon por un estrechísimo margen de votos.

Su discurso inaugural fue toda una lección de ética y servicio al país:

«No te preguntes qué es lo que tu país puede hacer por ti; pregúntate qué es lo que tú puedes hacer por tu país».

Y llamó a las demás naciones del mundo a luchar contra el verdadero enemigo de la humanidad, dijo:

«Todas la naciones debemos luchar juntos contra el enemigo común del hombre, la tiranía, la pobreza, las enfermedades y la guerra»

Y remató la faena cuando pidió:

«Tanto si son ustedes ciudadanos de los Estados Unidos como si lo son del mundo, exijan de nosotros la misma generosidad de fuerza y sacrificio que nosotros les pedimos a ustedes».

Su corto mandato presidencial tuvo luces y sombras, tuvo que afrontar serios problemas, entre los que destacan:

La fallida invasión de Bahía de Cochinos en Cuba que pretendía derrocar al comunista y genocida Fidel Castro.

La crisis de los misiles rusos en Cuba, problema que gracias a su templanza y sentido común no devino, milagrosamente, en un Holocausto nuclear, según se recoge en la nota 13 de este capítulo.

La construcción por la Alemania comunista del muro de Berlín que se extendió por toda la frontera entre las entonces dos Alemanias.

El inicio de la carrera espacial.

El Movimiento por los Derechos Civiles.

Las primeras acciones del Estados Unidos en lo que sería la guerra en Vietnam

DERECHOS CIVILES

Fue un firme defensor de los Derechos Civiles y se posicionó con la población de color en el tema de la segregación.

Sus encontronazos con los gobernadores racistas de los estados sureños fueron épicos.

En septiembre de 1963, dirigiéndose al xenófobo racista gobernador George Wallace de Alabama lo instó a que el orden solo se mantendría en ese estado si su gobierno, el del gobernador, «estaba dispuesto a hacer todo lo que fuera necesario para cumplir las órdenes de los tribunales de justicia», en caso contrario el gobierno central lo haría.

En junio Kennedy había intervenido cuando el gobernador, para impedir la entrada a dos estudiantes afroamericanos (Vivian Malone y James Wood) bloqueó la puerta de la Universidad.

Kennedy no dudó en enviar la Guardia Nacional.

Esa misma tarde Kennedy en un discurso,, trasmitido por radio y televisión, se dirigió a la nación, pidió a los congresistas que legislaran para que las metas propuestas por el presidente Lincoln cien años antes llegasen a buen puerto.

Esta propuesta fue finalmente convertida en Ley en 1964, la Ley de Derechos Civiles.

LA CARRERA ESPACIAL

Los Estados Unidos se estaban quedando atrasados respecto a los soviéticos en la exploración del espacio exterior, los comunistas habían lanzado sus Sputmik y su dominio de la estratosfera amenazaba al mundo libre.

En una sesión conjunta del Congreso y del Senado en mayo de 1961,, Kennedy supo tocar la vena débil de los estadounidenses, apeló a su orgullo, a su mentalidad de ganaderos, si hay algo que los yanquis detesten es a los perdedores, a los que no luchan hasta la última gota de sangre o sudor.

Les provocó diciendo:

«Creo que esta nación debe asumir como meta el lograr que un hombre vaya a la Luna y regrese a salvo a la Tierra antes del fin de esta década. Ningún otro proyecto individual será tan impresionante para la humanidad ni más importante que los viajes de largo alcance al espacio; y ninguno será tan difícil y costoso de conseguir».

El cebo estaba lanzado a la espera de que el pez picara, que los legisladores aceptaran el reto y asignaran los ingentes recursos que abría que movilizar.

En la Universidad Rice en septiembre de 1962 afirmó:

«Ninguna nación que espere ser el líder de otras naciones puede esperar mantenerse atrasada en la carrera por el espacio».

«Escogemos ir a la Luna y hacer otras cosas, no porque sea fácil, sino porque es difícil»

Estados Unidos no solo terminó ganando la carrera espacial sino que esta significó el final de la URSS agobiada por el tremendo dispendio económico en el que para mantener su prestigio incurrió la Unión Soviética y que su maltrecha economía no pudo asumir. La Unión Soviética implosionó el 25 de diciembre de 1991.

ICH BIN EIN BERLINER

Al término de la segunda guerra mundial, Alemania había sido divida en dos, la Alemania Occidental de corte democrático, denominada República Federal Alemana (RFA) y la República Democrática Alemana (RDA), también conocida como Alemania Oriental que había caído bajo el yugo comunista. ¡Que puñetera manía tienen los comunistas por tergiversar el lenguaje, llamar democráticos a regímenes que son pura y llanamente execrables dictaduras!, parece que tienen fijación por la palabra democracia.

Su capital Berlín aunque había quedado en el lado soviético era reconocida como una ciudad dividida entre los occidentales y los comunistas, el contraste entre las dos partes era incuestionable, el polo opuesto a la opulencia del Berlín libre era el estado de pobreza y miseria del Berlín comunista.

La sangría que la fuga de alemanes orientales producía en la población comunista llevó a las autoridades comunista a erigir un muro que dividía la ciudad en dos, el Muro de la Vergüenza.

Un Grito

Berlín se convirtió en una ciudad mártir y era visita obligada para todo aquel dirigente político que tuviera un mínimo de dignidad y se sintiera demócrata.

En junio de 1963 el presidente Kennedy llegó a Berlín y desde el edificio Rathaus Schöneberg lanzó su memorable discurso que fue recogido por todos los medios de difusión mundiales.

Empezó señalando que la construcción del muro era una prueba palpable del fracaso del comunismo, para a continuar proclamando:

«La libertad supone muchas dificultades y la democracia no es perfecta, pero jamás nos vimos obligados a erigir un muro, para confinar a nuestro pueblo»

«Hace dos mil años era un orgullo decir civis romanus sum (Yo soy un ciudadano romano) Hoy, en el mundo de la libertad, uno puede estar orgulloso de decir Ich bin ein Berliner Todos los hombres son libres, donde quiera que vivan, son ciudadanos de Berlín, y, por ello, como un hombre libre, estoy orgulloso de decir 'Ich bin ein Berliner!».

EL ASESINATO

El 22 de noviembre de 1963 cuando la comitiva presidencial recorría en coche descubierto la plaza Dealey de la ciudad tejana de Dallas el presidente Kennedy fue alcanzado por los disparos de un francotirador situado en uno de los edificios de la plaza.

Media hora después se anunció su muerte, los médicos del Hospital Memorial Parkland no pudieron hacer nada por su vida.

Fue enterrado en el Cementerio Nacional de Arlington, en su tumba arde la llama eterna.

La ceremonia del funeral fue impresionante, a la que asistieron miles de ciudadanos que le rindieron homenaje.

La imagen de su enlutada joven viuda y la de su hijo de menos de 3 años en posición de firmes y realizando el saludo militar fue tan enternecedor y emotivo dio la vuelta al mundo.

Hoy día, 61 años después de su muerte sigue siendo considerado unos los mejores presidentes de la historia americana.

Kennedy es, junto con William Howard Taft, el único presidente enterrado en ese Cementerio.

III EL ROMANCE

Los primeros años de los sesenta fueron, como los recuerdo ahora, años de vino y rosas.

Empezaba a sentir la vida, sensaciones que no había experimentado antes, notaba como algo iba cambiando en mi interior, deseos que no había experimentado antes, inquietudes y zozobras.

LOS GUATEQUES

Empezaba a notar cambios físicos, me crecían los pechos, pasaba de la euforia a la nostalgia, o como decía mi madre: «esta niña pasa de la risa al llanto y de este a la risa en un plis plas», ahora cuando estoy en la edad que entonces tenía mi madre, tengo la impresión de que aquellas mujeres habían estado tan atareadas en sobrevivir y sacar adelante sus proles que nunca tuvieron tiempo para dedicárselo a ellas mismas. Cuanto más ahondo en estos temas más las admiro y respeto y si las comparo con estas barbies de ahora no tengo dudas de que son ganadoras por goleada.

Me hablan de una joven madre que pide a su marido que se vaya con su hijito, los fines de semana, a casa de su madre, porque ella necesita descansar y la joven ¡NO TRABAJA!, pero le pesa, le cansa, le agobia su hijito.

Pero a lo que iba, que se me va al Santo al Cielo y todavía no lo he vestido.

Comencé a sentir interés por los chicos, e inicié, lo que un día escuché decir al escritor Pérez Reverte eso de que: «las mujeres tienen un cosa que aunque, no sepan que la tienen, la utilizan», que no es otro que el arte atraer, de ofrecer y no dar, de enseñar y esconder, en resumen de flirtear, de coquetear.

Hasta muchos años después, cuando comencé a trabajar en el hospital no me enteré de la existencia del Estrógeno y Progesterona[1]

El pase de niña a mujer es un periplo que cada niña emprende a su manera y a su tiempo y con su propia identidad, no hay dos procesos iguales. Cada adolescente es un mundo.

En la cultura de hoy las niñas de catorce o quince años, ya empiezan a comportarse como mujeres, y debido a una mayor información sobre métodos anticonceptivos y al conocimiento de su propio cuerpo, comienzan a esa edad a tener elaciones sexuales.

Este tema me hace traer a colación, la letrilla de una chirigota gaditana que se llamaba Las viudas, que si no recuerdo mal decía::

C..o con las mozuelas / como saben de sexo / y yo hasta que me casé / que no supe que era eso.

Mi nieta Candelaria / vino un día comentando / que con su novio Luis / había tenido un orgasmo / fui corriendo / al diccionario / pa saber que era orgasmo.

En este tema se ha adelantado mucho y es mejor informar y enseñar que reprimir

Yo no es que sea muy partidaria de eso del amor libre y la promiscuidad, pero atendiendo a mi lema de ¡vive y deja vivir!, me parece bien que cada una haga con su capa un sayo, mientras no haya almas inocentes por medio.

El aborto por el solo hecho de haberte quedado embarazada por no tomar precauciones me parece un crimen.

Soy más partidaria de dialogar e informar y dejar hacer. Lo que sí me preocupa mucho es que mi hija un día me pueda reprochar el no haberla informado:¡No me dijiste nada!

Leí hace unos días el caso de una señora, por llamarla algo, que cuando estaba preparando su viaje a un país africano, para ir a recoger a un niño adoptado se dio cuenta de que estaba embarazada, ¿Y que hizo la interfecta? ¡abortar!, prefirió a un ser adoptado antes que el suyo propio, y ¿qué argumentó la susodicha?. Yo ya tengo uno y además no sé quién es el padre. No quiero hacer ningún comentario, lo dejo para los lectores.

En esas dudas e inquietudes me encontraba cuando apareció lo que en aquel momento me pareció una tabla de salvación.

EL TOCADISCOS

El Pick up o tocadiscos, en aquella época decir pick up fardaba más y con este aparato se llegó al guateque.

Y aunque no eran baratos, entre dos mil y tres mil pesetas, el sueldo de una oficinista o de un dependiente de una zapatería no llegaba a las mil pesetas, algunos padres muy generosos se permitían dar a sus hijitos estos caprichos.

La generosidad de estos padres hacía que permitieran por una horas del domingo que sus vástagos invitaran a sus amigos/amigas a disfrutar de una horas de música y compañía.

Y para preservar la moral cristiano-judea la mamá, o la abuela con el pretexto de que le gustaba vernos bailar se convertían en Guardianes de la moral y las buenas costumbre.

Yo solía ir, los domingos, a uno que se celebraba en un primer piso en la calle San Francisco y como la juguetería de abajo estaba cerrada no teníamos problemas en saltar y brincar siguiendo el trepidante ritmo del Rock & Roll.

El Dúo Dinámico y su españolizado Rock, «Quince años tiene mi amor», ya mostraba el derrotero que habría de seguir la sociedad, el camino de la precocidad. También era muy popular «Quisiera ser» del mismo dúo y La Yenka que tuvo un impacto inmediato pero que duró poco porque sus creadores murieron en accidente de automóvil en su natal Holanda.

El que las chicas mostráramos abiertamente nuestra admiración por esos interprete parece que ofendía a los chicos, o quizás solo fuera envidia, o solo ganas de chincharnos y provocarnos pero el caso es que para ellos todos los cantantes tenían algún defecto, del dúo dinámico, mi preferido, decían que eran «maricones» que suena más rotundo que ese gay de ahora.

Los guateques eran el único medio en que los chicos y chicas pudiéramos, como se dice ahora, socializar, para nosotras era conquistar, todavía no se había inventado ligar.

En los guateques había que ser muy cuidadosa y prudente para seleccionar con quien bailabas y como, porque había tíos muy lenguaraces que luego iban pregonando como bailabas, sí lo hacías más o menos agarrao, vamos que si permitías el contacto corporal, cosas que algunas hacían y por eso eran tan solicitadas,

Pero las costumbres estaban todavía muy arraigada, a las diez de la noche, ni un minuto más ni uno menos, había que estar en casa, pero la vivencias experimentadas ese día nos llenaba de energía para afrontar otra semana más de penurias y estrecheces. Las penas se nos iban recordando las canciones que más nos habían emocionado o ilusionado y en pensar en ese chico con el que habíamos estado bailando más veces que con otros y que nos parecía interesante.

Yo solía vestir una amplia falda plisada que me permitía seguir mejor el ritmo lúdico y provocador del Rock & Roll, Aunque me gustaban más los ritmos trepidantes del Rock, el Twist y semejantes, también me gustaban las melodía dulzonas, los boleros y el soul, la melodía Moliendo Café que me parece que cantaba un morenito llamado Harry Belafonte, con su melosa voz, me transportaba, con mi príncipe azul, a una lujuriosa isla caribeña.

Pero como el peligro acechaba, con estos insidiosos sueños, había que estar muy atenta a las aproximaciones demasiado «aproximadas», entonces sacaba a relucir mi arma secreta, mía y de todas las chicas, el codo, que bien colocado en el pecho del chico a la altura de su hombre era un arma de disuasión poderosísima., ríanse ustedes de la

Gran Muralla china, la línea de defensa Maginot y el muro de Berlín.

Las mujeres, y esto no le va a gustar a algunas feministas recalcitrantes, hemos desarrollado una especie de instinto de supervivencia, como esos animales que saben que son piezas codiciadas por los depredadores, tenemos un sexto, séptimo o no sé cuál sentido muy desarrollado, por eso nos salía tan espontáneamente esa táctica del codo en el hombre del chico.

Algunos domingos, según que artista actuase me acercaba con las amigas al templo gaditano de la música y la libertad, el afamado Cortijo de los Rosales.

Situado en un recóndito y bonito paraje del Parque Genovés, justo a la izquierda y un poco más al fono de la cascada un avispado empresario gaditano había obtenido permiso del ayuntamiento para instala allí un escenario y celebrar actuaciones musicales.

Se celebraban dos sesiones, (sábados y domingos) una a las siete de la tarde, le llamaban la Vermú, para los más jóvenes y la nocturna para los adultos, que comenzaba a las once.

El precio era muy asequible y el ambiente muy familiar.

Aunque en Cádiz en verano hace calor, las reglas exigían traje y corbata para los caballeros y las señoras y señoritas vestir con elegancia y sin escotes demasiado vertiginosos.

En las normas había un renglón que me llamaba la atención. «Las chicas que beben champaña no están autorizadas a entrar». No tenía ni pajolera idea de que significaba eso de «beber champaña», pero la recuerdo perfectamente.

Al Cortijo se iba a buscar pareja, por lo que las chicas que bailan juntas no eran bienvenidas.

Las relaciones que no fueran chico-chica eran denostada y rechazadas por la sociedad de la época y se las clasificaba con palabras que no me apetece reproducir. Es ahora cuando imagino el gran estrés emocional de ellas y ellos ante este rechazo social.

Hoy me alegro de la naturalidad con que se acepta este hecho de la naturaleza, aunque creo que todo debe tener un límite y sobre todo un sentido del decoro, por la propia dignidad de la persona.

Esas provocaciones obscenas que a veces se expresan en las cabalgata del Orgullo Gay no dejan de herir mi sensibilidad y las considero gratuitas e innecesarias. Con esas muestras de zafiedad ¿Qué quieren demostrar? ¿Van a ser más lesbianas o gais?

Volvamos mejor al Cortijo

No había guardias de seguridad, y si alguien montaba alguna tangana Antonio Martín de Mora, su propietario se las sabía ingeniar, con sus suaves maneras, para poner orden, siempre de manera sosegada y elegante.

Aunque la explotación del recinto salía a concurso público (era de propiedad municipal) cada cinco años, nadie se atrevió nunca a concursar contra Antonio, este se mantuvo en el negocio durante 34 años.

Por el recinto pasaron todos aquellos que eran considerados importantes en el mundo de la música, españoles y extranjeros, y se acuñó el lema: «Si no has actuado en el Cortijo de los Rosales no eres nadie en este mundillo».

Los Bravos y sus más conocidas canciones «Black is Black» y «Los chicos con las chicas tienen que estar», quizás la primera e ignorada canción por la integración de los sexos, hicieron furor

Por el Cortijo han desfilado todo tipo de artistas y géneros del universo musical; julio iglesias, los brincos, los tres sudamericanos, los cinco latinos, el dúo dinámico, Jorge Sepúlveda, Serrat, Raphael, Juan y Junior, los bravos, Rocío Jurado, Camarón de la isla. y Paul Anka entre otros

Con el devenir de los años ese ambiente familiar se fue deteriorando hasta el extremo de que se habilitó una pequeña pista, justo detrás de la cascada, pobremente iluminada y a la que los jóvenes, llamábamos las pista del «morreo», porque allí más que a bailar se iba a lo que se iba. Nunca pisé esa pista.

Un día una amiga, que era más atrevida que yo, accedió a la petición de su pareja y aceptó la experiencia de bailar a medio luz, al rato la vi volver sola y muy enojada.

-¿Qué te pasa Cary?-

-Ese sinvergüenza, ¿Qué te parece?. Bailamos la primera pieza, digamos, que un poco *acaramelados,* tengo que reconocer que no me disgustaba tanta proximidad, pero cuando empezó la música de la segunda pieza, ¿sabes que me dice el tío?-

-Me lo imagino, pero cuéntame-

-Me dice este lo bailamos o lo besamos-

-¿Y no me digas que lo hiciste-

—¿Estás loca?, le di un bofetón y aquí estoy cabreada como una mona, la verdad es que todos estaban morreándose a gusto.

Y esa pista fue como el preludio de lo que habría que llegar las discotecas.

LAS DISCOTECAS

La primera discoteca de la que tengo constancia fue la de la Cafetería Las Pérgolas en el Paseo marítimo y digo que tengo constancia por leerlo en el periódico local que glosaba el evento de la siguiente manera: «Nuestra ciudad crece por años y ya cuenta con un fabuloso edificio en el paseo Marítimo que da prestancia a la zona. Nos referimos a Europlaya. En ese bloque de viviendas de lujo se ha procedido a la apertura de una cafetería y club bajo el nombre de Las Pérgolas».

«La cafetería se encuentra instalada en la primera planta. Dispone de terraza luminosa desde la que se divisa la playa Victoria. Tiene una barra muy amplia y gran salón con mesitas situadas junto a los ventanales. Además de aperitivos, se sirven platos combinados. Como maitre figura Antonio Ventura, de Madrid, y director de un hotel».

«En el sótano se encuentra el club. Otro recinto muy confortable y acogedor, con bar americano y lugar perfecto para la reunión, el descanso o el baile. Dispone de equipo para música grabada».

Y tengo que reconocer que la chica que aceptaba ir a la discoteca con un chico, novio o pretendiente, ya estaba mentalizada de que a poco que se encartara la cosa se iba a dar «el flete», no había engaño, se iba a la discoteca a intimar.

Pero a mí la vida, ya me había impuesto mi camino.

EL ROMANCE

Era la tarde noche del jueves santo y estaba cansada, hastiada de tanta película religiosa, era la programación del único canal de televisión, la estatal RTVE (Radio Televisión Española) hoy la llaman la Televisión Espantosa y a fe de Dios que lo es, y ya entonces empezaba a resultar la televisión espantosa.

De mi semi letargo me despertó el tañer de las campanas de la cercana Iglesia de San Lorenzo el Mártir, anunciando la salida de la cofradía sita en ese templo, y por ende, la favorita del barrio, la muy venerable, real y devota cofradía de penitencia de nuestro Señor Jesús de los Afligidos y María Santísima de los Desconsuelos, ese es su título.

Me acicalé un poco y decidí acercarme, el cielo estaba encapotado y amenazaba lluvia por lo que había la incertidumbre de si la cofradía saldría a procesionar o la hermandad decidiría anular el desfile.

Empezó a lloviznar, una lluvia no muy común en Cádiz, donde cuando llueve lo «hace con ganas», según expresión popular, pero este calabobos no es frecuente y ello me tornó melancólica.

Estaba absorta en mis pensamientos cuando noté que algo se parapetaba bajo mi abierto paraguas, me sobresalté, levante la mirada y allí estaba el chico más guapo y atractivo que había visto nunca.

Alto, o eso me pareció, yo solo medía 1,55 metros, para los estándares de la época, de complexión fuerte, piel morena y pelo muy negro, brillante y una sonrisa encantadora en su cara un poco redondeada, que con la mejor de sus sonrisas dijo:

-Perdona que te asusté y te saqué de tu sueño-

-No estaba dormida contesté, al tiempo que pensaba que chaval más descarado-

-Me refería a que estabas en otro mundo, para añadir a continuación: Pensé que a esta joven tan atractiva y solitaria no le importaría que me cobijara de la lluvia bajo su paraguas-

-¿Tu siempre haces las cosas y después preguntas?-

- Solo cuando llueve-

-Vaya, pensé, el chico es un listillo que tiene respuesta para todo-

Estábamos en este toma y daca cuando anunciaron que la salida procesional se posponía sine die.

El chico comentó: ¿Y ahora que vamos a hacer, que te parece si damos un paseo y así nos conocemos mejor, me llamo Fernando y tú?

La idea del paseo me pareció buena, no me apetecía en absoluto volver a casa y a la tediosas televisión,, además empezaba a estar interesada en este chaval, descarado, atrevido pero simpático, de forma casi automática dije, me llamo Melisa-

-Si no te importa yo te llamaré Meli, eso de Melisa no me suena a muy gaditano-

- Pues a mí me gusta, y para refregárselo por la cara, le explique de donde procedía el nombre y su originalidad, cosa que no pareció interesarle demasiado-

-Comenzamos a caminar calle Sagasta abajo, al llegar a la confluencia con la calle de la Rosa, se me ocurrió decir: ¿Has estado alguna vez en la Caleta un día de lluvia?, es algo especial que si no has vivido deberías hacerlo, es tan lindo que no hay palabras para describirlo-

-Pues vayamos-, dijo él, no tenía la menor duda de que el mozo estaba tendiendo sus redes, porque se intuía claramente que el romanticismo no era su fuerte y que la ilusión que mostraba era solo para complacerme.

Como en la calle de la Rosa vivía mi abuela y mi tía Margarita decidí continuar hasta los Callejones, de Cardoso no quería que me viesen pasear con un chico, a pesar de que ya tenía 18 años.

Al llegar a la calle de La Palma y mirar hacia la Iglesia me llené de nostalgia recordando los años felices en el colegio anexo a la iglesia y regentado por monjitas.

Me paré, una vez más a admirar el mural que dedicado a la Virgen está situado a la altura del número 6 y aunque no practicante si soy devota de esta imagen y del simbolismo que la representa como salvadora de la Ciudad cuando ocurrió el maremoto de Lisboa[2]

Llegados a la Caleta nos entretuvimos un rato viendo la lluvia caer sobre esos lugares tan entrañables de mi niñez.

Tenía que regresar, pero acordamos que Fernando iría a esperarme al día siguiente cuando terminara mi clase de corte y confección a la que estaba asistiendo.

Iniciamos una relación que para bien o para mal condicionaría mi vida.

A mis recién cumplidos 18 años no podía imaginar lo dura que puede ser la vida cuando, por acción u omisión, se cometen errores y se es víctima de la incomprensión de la gente que te quiere pero que no llega a comprenderte y admitirte tal como eres y no como ellos quisieran que fueras.

LOS HECHOS

Llevábamos uno meses saliendo juntos cuando un día que íbamos paseando, cogidos de la mano, por la Alameda, sentí un toquecito en la espalad y una jovial voz, que reconocí al instante, decía :«¡que calladito lo tenías, me alegro mucho!», no pude menos que ruborizarme que mi futura cuñada, la novia de mi hermano hubiese descubierto mi muy bien guardado, hasta ahora, secreto.

Esa misma noche ya lo sabían mis padres vía mi hermano, fui concienzudamente interrogada, quien era, que hacía, quien era su familia.

A mi padre no le gustó nada cuando le conté su problema familiar, mi madre saltó en seguida como una cobra acorralada.

LA VIDA DE FERNANDO

Fernando creció en una familia cuyas relaciones dejaban mucho que desear, nunca supe si hubo malos tratos, cosa común en aquellas fechas, pero sí que un día su padre salió a comprar tabaco, y debió de ir a buscarlo a Cuba porque ya no volvió. Su madre, presa de una terrible depresión, vendió los pocos bártulos que tenía y se fue a vivir con unas primas solteronas, que no deseaban que hubiera hombres en su casa. Fernando con quince años ya estaba formado, era todo un hombre, así que su madre le dijo: te tienes que buscar la vida.

Anduvo de ocupación en ocupación y de pensión en pensión, cuando cumplió 18 años se alistó en la legión y estuvo dos años destinado en Ceuta.

Hacía pocos meses que había regresado y estaba intentando hacerse una vida, era representante de una bodega de vinos sita en el Puerto de Santa María, y de una fábrica de embutidos de Jerez, y malvivía como Dios le daba a entender.

A mi padre eso de que hubiese sido abandonado no le gustó, ni poco ni mucho ni nada, mi madre enseguida empezó a soltar por su boca, despotricando contra esa mala madre que había abandonado a su hijo, pero sin mostrar demasiada empatía con Fernando.

La cultura judeocristiana que impregnaba toda la educación no les permitía aceptar tales estados de cosas, pero en vez de comprender al inocente parecía condenarlo.

Las relaciones con mi familia empezaron a enquistarse.

No obstante, mi hermano Adolfo que al igual que Fernando eran unos «buscavidas», como no podía ser de otra manera en aquella época de supervivencia, trató de sacar provecho del conocimiento que de los pueblos de la provincia tenía Fernando le propuso formar una empresa de reportajes fotográficos, harían reportajes de bodas, bautizos y comuniones.

Fernando sería el socio técnico y mi hermano el capitalista, un capitalista sin capital, pero así eran aquellos tiempos, mucha imaginación y mucho descaro.

Los contrataron para una celebración en un pueblo de la sierra y allí apareció Fernando con su cámara, dispuesto a comerse el mundo.

Y allí empezó a mostrar una cabeza brillante pero mal amueblada. Vendiendo la piel del oso antes de cazarlo se hospedó en el mejor hotel y frecuentó los mejores restaurantes, sin reparar en gastos, cuando el evento, una fiesta campera con tienta de vaquillas incluida, fue suspendido llegó el momento de la factura, unas 4 000 pesetas.

Fernando telegrafió a su socio, mi hermano, para que le enviara en dinero, este que estaba tan «ruchi», «tan tieso» como Fernando, le contestó que se las apañara como pudiera para salir del embrollo en que él solito se había metido.

Fernando hizo lo único que no debía haber hecho, «salir por pies», hacer mutis por el foro, largarse sin pagar.

Fue denunciado, detenido y, en aquellas fechas la justicia no se andaba con chiquitas «enchironado», tres meses a la sombra.

Este asunto le debió marcar, por lo que posteriormente habría de devenir.

Si mis padres ya tenían serias dudas de que mi relación con Fernando me beneficiase, este tema carcelario fue la gota que colmó el vaso.

Fernando pasó a ser un proscrito para mi familia y a mí se me prohibió, terminantemente, relacionarme con tal delincuente.

Cuando una mujer se enamora lo hace de verdad y arrostra todas las adversidades e inconveniencias de esa relación, por muy toxica que esta relación, a la larga o a la carta, pueda resultar, una mujer enamorada no entiende de medias tintas, luchará por su hombre hasta la última gota de su sangre.

Nos veíamos a hurtadillas, yo buscaba excusas y pretextos para salir de casa y reunirme con él.

Un día habíamos quedado en la plaza Fragela esquina a la calle Hércules, en los aledaños de la entonces Facultad de medicina, quizás pensamos que entre tanta gente joven que por allí pululaba pasaríamos más desapercibidos.

Estábamos justo en la esquina de la calle Hércules, cuando un hermano de mi cuñada acertó a pasar por allí y vernos, noticia que llegó rápidamente a mi hermano.

Regresé a casa sobre las diez d la noche, la hora mágica de vuelta a casa de las niñas decentes.

Nada más entrar, un huracán en forma de hermano se lanzó sobre mí, gritando como un poseso: ¿De dónde vienes, golfa?, de acostarte con ese cabrón en la casa de putas de la calle Palma y me soltó un puñetazo que me amorató el pómulo, me partió el labio superior y me arrancó dos dientes.

Mis padres acudieron ante tanto escándalo, mi hermano les contó su versión de los hechos y aunque yo traté de explicarme y defender mi inocencia, pero fue en vano, ya estaba, de antemano, condenada.

Me fui de casa y me refugié en casa de mi hermana mayor, que ya estaba casada, cuando le conté mi versión de los hechos no es que esta me recibiera con salvas de artillería pero al menos me dio cobijo y me curó las heridas físicas, las del alma no se me curarían nunca.

Estuve varios días con mi hermana sin saber que hacer, sin lugar donde ir y sin poder comunicarme con Fernando.

Me preguntaba ¿Qué había pasado, para que mi hermano reaccionará tan violentamente, tenía asumido que en esa sociedad tan machista, los hermanos se sentían como guardianes de la moral y la decencia de sus hermanas más pequeñas, pero esa reacción era tan visceral, tan irracional que no llegaba a entender.

Lo comenté con mi hermana, mi cuñado que andaba merodeando por la habitación al oír el nombre de la calle, intervino: ¿Acaso no sabes que esa calle es la más famosa de la ciudad porque está plagada de casas de chicas alegres? Y recalcó lo de «alegres».

Todo empezaba a tener sentido, el informante había asumido que Fernando y yo acabamos de salir de una de esas casas de chicas que «beben champaña».

Unos pocos días después mi otra hermana vino a verme con un mensaje de mis padres, querían que volviese a casa, hablaríamos y trataríamos de encauzar el tema.

Pero ellos ya tenían una idea y no cambiarían, por más que le juré y perjuré que no habíamos hecho nada punible, que yo seguía siendo virgen, eso de la virginidad era como un dogma de fe en aquellos turbulentos y oscuros años, no había forma de convencerlos.

Mi madre, que en esos temas de la virtud y la virginidad era dura como el pedernal, me exigía que lo demostrara, que me hiciera una prueba.

Me sentía humillada, despreciada y vilipendiada, pero me tragué mi orgullo y me sometí a tan humillante prueba, y aunque el resultado me dio la razón la semilla de la discordia ya estaba sembrada.

Llegué a la conclusión, quizás errada, de que la solución era casarme.

Tenía veintiún años y ya no necesitaba permiso parental.

Ese día, que normalmente es uno de los más felices, junto a la maternidad, en la vida de una mujer, fue para mí uno de los más tristes, nadie de mi familia asistió.

Y con las quinientas pesetas que me había regalado mi padre inicié mi vida de casada.

1 *LOS ESTRÓGENOS*

Aunque le hormona testosterona se asocia más con el hombre que con la mujer también es producida por esta, las células de Leydig están presentes en los testículos en los hombre y en los ovarios en las mujeres. La testosterona aumenta la libido en ambos sexos.

El estrógeno es una hormona femenina que se produce en los ovarios y estimula el crecimiento y desarrollo de los órganos sexuales femeninos y de los pechos y la aparición del vello púbico. Los niveles de esta hormonas disminuyen al llegar la menopausia lo que hace disminuir el deseo sexual.

La progesterona se produce en los ovarios después de la ovulación mensual y tiene una duración de aproximadamente 11 días. Es el periodo de mayor excitación sexual de la mujer.

2 *EL MAREMOTO DE LISBOA*

El día de todos los Santos de 1755 frente a las costas de Lisboa se produjo un maremoto que según los sismólogos debió ser de una magnitud de 9 en la escala de Richter y cuyo epicentro se situó en algún lugar del océano Atlántico. A unos 300 kilómetros de la capital lusitana.

El maremoto ocasionó un tsunami que alcanzó las costas españolas, siendo las provincias de Huelva y Cádiz las más afectadas.

Un tercio de la población lisboeta, unos 100 000, murieron a causa del maremoto y de los incendios que destruyeron la bella capital portuguesa.

En la provincia de Huelva los fallecidos fueron 1 000 cifra que en Marruecos llegó a 10 000

Los efectos del seísmo se hicieron notar en lugares tan distantes como. Las Antillas y Groenlandia, y afectó a tres continentes, Europa, África y América sufrieron los efectos del choque de las placas tectónicas africana y la euroasiática.

La colisión de ambas placa originó que un círculo del fondo marino con un diámetro aproximado de 300 kilómetros se hundiera 30 metros, ello dio lugar a que en Cádiz la altura de la ola llegara hasta los 20 metros.

La orden del, a la sazón, gobernador de Cádiz de cerrar las puertas de la muralla de Las Puertas de Tierra evitó que el casco antiguo de la ciudad fuera arrasado, el populoso barrio de la Viña sufrió lo embates de las ola hasta en tres ocasiones, quince personas resultaron ahogadas.

Los asentamientos al exterior de las Puertas de Tierra, así como algunas localidades adyacentes quedaron destruidas.

En Marruecos una ciudad de 10 000 habitantes desapareció tragada por las aguas.

Los efectos del seísmo se hicieron notar en toda la península y muchos edificios resultaron dañados.

IV SE FUE SIN DECIR ADIÓS

De la Iglesia partimos directamente hacia la estación de tren, deseaba huir, salir de esa situación tan violenta, hicimos noche en Sevilla y al día siguiente abordamos el tren nocturno Sevilla-Barcelona,

Cuando llegamos a la ciudad condal toda nuestra fortuna era 25 pesetas, nos dirigimos hacia la zona portuaria pensando que en esa zona las pensiones serían más baratas.

En el puerto, aunque no estábamos para recrearnos en nada, acuciados por nuestras inmediatas necesidades, divisamos un gran paquebote todo pintado de blanco y en su casco rotulado el nombre de la compañía de cruceros, no recuerdo su nombre, pero entonces era muy famosa.

Fernando tuvo una intuición, una de sus muchas intuiciones,, me dijo: -Meli estamos de suerte creo que en ese buque trabaja mi tía Benilde, vamos a acercarnos y preguntar-.

Me sentía empequeñecida al lado de este mastodonte, su altura era imponente, Fernando, tan atrevido como siempre, se dirigió al marinero que estaba de guardia en el portalón de entrada al buque.

-¿Sabe si está a bordo la señora Benilde Fernández?, es familiar mío y quisiera saludarla, el marinero consultó con alguien a través de un telefonillo y dijo: Ahora viene. ¡Se nos había aparecido la Virgen del Carmen!

La tía Benilde era bajita, nerviosa e hiperactiva, extrovertida y transmitía confianza y seguridad.

Abrazó a su sobrino, me miró con cara de sorpresa y preguntó: ¿Y esta jovencita tan apocada y retraída, quién es?.

-Es mi esposa y acabamos de llegar a la ciudad-.

-¿Y habéis venido aquí en viaje de bodas, desde tan lejos?. Estáis locos con lo bien que se vive en Cádiz.-.

Fernando le hizo un somero resumen de todo lo acontecido, a medida que el relato de Fernando entraba en detalles, el rostro de Benilde se ensombrecía, el gesto de preocupación era evidente.

-Me imagino que no habéis comido nada desde hace tiempo, vamos a la cafetería y desayunamos-

El gran tazón de café caliente, las dos grandes rebanadas de pan de pueblo cubiertas de una gruesa capa de tomate triturado, debía tener algo de ajo porque me sabía fuerte, *pantumaca* había pedido Benilde al camarero, me sentaron de maravilla.

-Esperad aquí, voy al barco a buscaros algo y ahora vuelvo-

Estábamos exaltados, exultantes, el mundo era nuestro, o eso, en nuestra irresponsable juventud, nos parecía.

Un Grito

Nuestra hada madrina reapareció con dos grandes bolsos y nos lo alargó diciendo: «Aquí tenéis provisiones para los próximos días».

Ahora me tengo que marchar porque he de trabajar y el barco zarpa esta tarde.

Y metiendo la mano en su bolso sacó un reluciente y crujiente billete de mil pesetas y nos lo entregó, nunca en mi procelosa vida he visto un billete más brillante y bonito.

Nos estampó unos sonoros besos y como había llegado desapareció, nunca la volví a ver. Pero todo había sido como un cuento de hadas. Después de tanta vicisitudes y zozobras parecía que la vida nos sonreía.

No me cabía la menor duda de que Fernando se las arreglaría para solucionar nuestro acuciante problema, encontrar una fuente de ingresos.

Comenzó su labor comercial, y a fe de Dios que era un gran vendedor, rápidamente se hizo con una clientela en los pequeños comercios de la zona, y en los pueblos más cercanos, las grandes superficies aún no habían llegado para arruinar a los «botiquers».

Barcelona era una ciudad cosmopolita, acogedora, abierta, vital, vibrante y muy cosmopolita. De hecho se decía de ella que era la ciudad española más europea, cuando el eslogan *Europa comienza en los Pirineos* reflejaba el sentir de que éramos más africanos que europeos.

Todo esto era antes de que Barcelona, por mor de los independentistas y de la «escrachista» Ada Colau, se convirtiera en una ciudad racista y supremacista, inhóspita, insegura y sucia. Hace unos días contemplé con horror como en la mismísima Plaza de Cataluña y a pleno luz del día la ratas campaban a sus anchas por tan emblemática plaza.

Y no digamos nada de la seguridad ciudadana, las agencias de viaje recomiendan a sus clientes ser extremadamente cuidadosos sobre todo en las áreas turísticas como Las Ramblas, te pueden limpiar la cartera y no enterarte, recomiendan llevar los móviles colgados del cuello para evitar, por lo menos dificultar, el robo. Eso es lo que les sucede a las sociedades cuando confunden la libertad con el libertinaje, cuando la laxitud remplaza al orden.

Si me escucha mi nieta me dirá que soy una facha, reaccionaría y cavernícola, pero es como lo siento y lo veo.

Una degradación de la ciudad que ha ido pareja a la degradación de la sociedad europea.

Hace unos días, hablando con un amigo, que en sus tiempos había viajado por toda Europa y que había residido una temporada en Suecia, me comentaba, con aire compungido y triste, como aquel país que otrora había sido puesto como ejemplo de sociedad del bienestar, donde el orden y el respeto eran lo que imperaba, ahora el gobierno sueco había tenido que sacar al ejército a patrullar las calles para garantizar la seguridad de sus ciudadanos.

El país había caído en las garras de las mafias balcánicas, y todo había comenzado cuando la implosión de la entonces conocida Yugoslavia[1] había llevado a la buenista sociedad sueca a acoger a decenas de miles de ciudadanos de ese conglomerado de países que los comunistas habían intentado aglutinar en una sola y ficticia nación.

En su pesimista perorata el amigo se extendía a Inglaterra donde el alcalde musulmán de Londres había decretado que la ciudad se engalanara e iluminaria para celebrar el inicio del Ramadán el mes santo islámico, mientras que en Navidades en la decoración de la ciudad se evitaban los signos cristianos para ¡no ofender a las otras religiones minoritarias!. Vivir para ver.

O de cómo la princesa heredera de los Países Bajos, Amalia de Orange, había tenido que buscar refugio en España ante la amenaza de muerte proferido contra ella por la mafia narco, Mocro Maffia[2] que controla el país y ha convertido a los puertos de Rotterdam y Ámsterdam en la puerta de entrada a Europa de la droga colombiana.

Para remachar, se explayaba mi amigo, como en la ciudad de la Luz, París, había barrios enteros donde imperaba la ley de la sharía y la yihad y donde la policía gala no hacía acto de presencia desde hacía lustros.

Hace unos día un conocido futbolista alemán, que lleva diez años residiendo en España, declaró a los medios: «La Alemania actual no se parece en nada a la que yo dejé hace una década, ahora estoy preocupado cuando salgo con mi hija a las once de la noche, hay mucha inseguridad».

Pero volvamos a Barcelona y a nuestro periplo por aquellos lares, que últimamente se me va, demasiado a menudo, el santo al cielo.

Las cosas nos iban bien, alquilamos un coqueto apartamento en el Born, Fernando extendió su área de acción a los pueblos y villas de la provincia por lo que tuvo que comprar un coche, los fines de semana visitamos los alrededores de Barcelona para disfrutar de su gastronomía, al tiempo que Fernando colocaba sus mercancías. Incluso soñábamos con la idea de comprar un pequeño terreno con viñedos y árboles frutales y trasladarnos a vivir allí. Pero los sueños raramente se convierten en realidad sino en todo lo contrario, en pesadillas.

Vivíamos en una nube, sin pensar en el mañana, llevamos una vida de cigarras y no de hormigas como hubiese sido más inteligente, pero éramos jóvenes y el mañana no parecía existir.

Yo empezaba a tomar conciencia de que este tipo de vida, ese vivir al día, era contraproducente, pero en aquellas fechas las mujeres teníamos mucha voz pero ,todavía, poco voto. Protestaba, aconsejaba pero sin éxito, él siempre lisonjero, siempre meloso me convencía. Todo es perfecto repetía.

Una mañana al salir de la ducha me miré al espejo, y lo que vi no me gustó nada, de mis costados salían dos inmensas cartucheras en forma de michelines, enseguida interpreté las señales, sabía por la experiencia de mis hermanas mayores que las féminas de la familia éramos muy dadas a no saber que estábamos embarazadas hasta los tres o cuatro meses y que el mensaje eran esos enormes michelines.

Y me asaltó lo que los gallegos llaman morriña, los portugueses saudade y los gaditanos decimos: «nos tira la tierra».

Hasta hace unos años nunca había reparado en lo que me comentó un día una amiga jerezana: «Los gaditanos, entiéndase los capitalinos, tenéis un sentimiento de insularidad que no sabéis que tenéis, pero que os sale a la superficie a las primeras de cambio».

Hoy soy plenamente consciente de ello al constatar, leyendo sobre la historia de mi ciudad que Cádiz era y es un tombolo[3] y que esa peculiaridad marca y da carácter.

Como las tortugas que vuelven a desovar al lugar donde nacieron yo sentía la necesidad de volver a mis origines.

Me costó Dios y ayuda convencer a Fernando, pero aquí se hizo realidad aquello de: «tiran más dos tetas que dos carretas», vendimos los pocos muebles que teníamos y el coche y regresamos.

Tras un periodo de incertidumbre y desasosiego Fernando que tenía una intuición especial para los negocios reanudó su representación de los vinos de la bodega portuense y lo mejor de todo fue, no sé cómo lo hizo, convencer a un famoso abogado, miembro de una poderosa familia de la oligarquía gaditana, que le confiase la gestión de los inmuebles que el hombre poseía.

Fernando se encargaba de alquilar los inmuebles, atender las exigencias de los arrendatarios y de cobrar mensualmente los alquileres.

Y esto, unido a su mal amueblada cabeza le llevaría al desastre.

Pero no adelantemos acontecimientos.

Llevábamos una vida bastante apacible, modesta pero cómoda, la bodega portuense le pidió a Fernando que dado que su representante para la provincia se jubilaba, él, Fernando, se podría hacer cargo de esta área.

Ellos le financiarían la adquisición de un vehículo para sus desplazamientos.

A mí, con esa intuición innata que tenemos las mujeres, para olfatear el peligro o las anomalías, me supo a «cuerno quemado», ese condicional de que ellos financiarían la adquisición del vehículo. ¿Por qué no lo hacían ya, como, cuanto y sobre todo, cuando iban a financiar?. Mil y una preguntas que trasladé a Fernando y que este, que ya estaba lanzado, obvió por completo.

¿Y de dónde iba a salir el dinero para adquirir un coche aunque fuese de segunda mano?. Fernando tenía la solución, lo cogería prestado de las rentas de los inmuebles

Traté de persuadirle, le amenacé con marcharme de casa, no hubo forma, estaba decidido y no solo demostraba ser un irresponsable sino también un testarudo.

La presunta financiación no llegaba, todo eran excusas, la burocracia, la reducción de los ingresos, la falta de liquidez, y bla, bla, bla.

Cuando llegó la hora de entregar la colecta de los alquileres, Fernando se tuvo que armar de valor y contarle al abogado el problema. El hombre no se lo tomó demasiado bien, pero le dio un plazo de un mes para que le fuese entregado el dinero y le advirtió si no lo haces te denunciaré a la policía por apropiación indebida, hurto y todo lo que se me ocurra.

Volvió a casa demudado, su cara blanca como la de un cadáver dejaba ver las venas sanguíneas, le temblaban las manos.

La financiación seguía sin llegar.

Y la paciencia del abogado se agotó, como nos había amenazado presentó su denuncia.

En la comisaría se encargaron de echar más leña al fuego. Le dijeron pero Sr. Ramírez ha metido usted a la zorra en el gallinero, este individuo está aquí fichado como estafador, por haberse fugado sin pagar en un hotel y fue condenado a tres meses de prisión.

El abogado llegó a nuestro apartamento echo un basilisco y nos ordenó abandonarlo ¡ya mismo! Y tú, se dirigió a Fernando, prepárate porque viene la policía a detenerte.

Ante mi inquietud y desasosiego Fernando que creía tener respuesta para todo, me dijo. -No te preocupes Meli, ahora mismo me pongo en camino, voy a Sevilla donde vive mi padre y seguro que me ayudara-.

Fue la última vez que lo vi.

Pocos días después de su marcha y ante la ausencia de noticias estaba nerviosa e intranquila, cuando mi madre me dice :-Meli una pareja de la Guardia Civil quiere hablar contigo-. El corazón me dio un vuelco, sentí mareos y me tuve que agarrar a la mesa. ¿Que había ocurrido, en que lio se había metido este mequetrefe?

Los números de la Benemérita, muy atentos y educados me preguntaron:

-¿Es usted la señora de Fernando Fernández?-

-Sí, ¿le ha pasado algo malo, algún accidente?- dado el estado de excitación de Fernando cuando se marchó pensaba que se había estrellado.

-No, no tranquila, únicamente si sabe dónde está, porque hace días en la calle Real de San Fernando, le hicimos señas de que parara porque tenía un faro del coche estropeado y su reacción nos sorprendió

-Se puede saber que les extrañó-

-Pues, empezó el joven guardia, como si se sintiese acharado al relatar el asunto, su marido paró el coche y salió huyendo, se metió en un portal y lo vimos saltando por los tejados, le apuntamos con las armas y le dimos el alto, pero no hizo caso. Tuvimos que dejarle marchar, no quisimos disparar.

Me encontré de repente, en la calle, sin marido y con un roro de pocos meses, solo tenía la tabla de salvación de mi familia. ¿pero cómo reaccionaría esta ante el nuevo gatuperio, la nueva trapisonda del ya de por sí denostado esposo?

[1] *LOS BALCANES*

Ya durante la segunda guerra mundial un movimiento comunista liderado por Josef Tito había conseguido aglutinar un núcleo de resistencia a la ocupación alemana de los Balcanes, aunque otra parte de la sociedad optó por la colaboración con los ocupantes.

Al término de la guerra los comunistas se hicieron con el poder y forzaron la creación de un país imposible de gobernar, salvo que fuera a sangre y fuego.

Cuando en diciembre de 1991 la Unión Soviética implosionó, todos los países que habían caído bajo el yugo comunista, sin prisa pero sin pause, se fueron librando de tan pesada carga.

El dictador Josef Tito había pasado a mejor vida hacía algunos lustros, por lo que una nación que había nacido con fórceps empezó a descomponerse.

De los seis estados que la componían Bosnia y Herzegovina, Croacia,. Eslovenia, Macedonia,. Montenegro y Serbia, cinco de ellos declararon unilateralmente su independencia.

Los serbios que eran la minoría mayoritaria se opusieron a ello, e iniciaron una serie de guerras de represalias contra todos y cada uno de los nuevos estados, guerras que se tornaron en limpiezas étnicas.

Acciones indiscriminadas contra las poblaciones musulmanas y de estos contra los no musulmanes.

Todos los países se vieron involucrados, la crueldad de unos contra otros alcanzó limites difíciles de asimilar para la sensibilidad de los llamados países democráticos. La OTAN tuvo que intervenir para tratar de contener la ola de violencia que arrasaba la región y que amenazaba con extenderse a otras zonas del planeta.

Esta situación de violencia extrema, pero sobre todo el tema de la limpieza étnica ocasionó un éxodo masivo de refugiados hacia los países occidentales.

Diez años de conflictos originó una diáspora de personas que huían pero que no tenían donde ir, en la región no había ningún lugar a salvo de las agresiones de unos y otros.

Suecia se distinguió por su generosidad y acogió a miles de estos desharrapados de la vida. Y entre esta ingente multitud que encontró cobijo en ese modélico, hasta la fecha, país había de todo, gente buena y menos buena.

Esta laxitud en la selección del personal migrante se estaba traduciendo más de 20 años después , el país estaba pagando las consecuencias, las mafias balcánicas se habían operado del país y lo estaba sumiendo en el caos. El ejercito tuvo que salir a patrullar las calles para proteger a sus ciudadanos.

2 MOCRO MAFFIA

En su sempiterno buenismo Europa abrió sus fronteras, acuciada por la escasez de mano de obra para su pujante industria, a una emigración masiva de ciudadanos procedentes de África, principalmente a los de Norte, y en su mayoría de Marruecos.

Los Países Bajos fueron uno de los beneficiados por esta avalancha de mano d obra barata, sumisa y dócil.

Décadas después los descendientes de estos emigrantes, ya eran ciudadanos neerlandeses pero, por religión, educación y costumbres, no estaban integrados

Como no estaban por la labor de trabajar, se dedicaron al trapicheo de estupefacientes para terminar en una poderosísima organización, la Mocro Maffía, que se permite el lujo de amenazar a las instituciones y personalidades neerlandesas.

Se estima que por los puertos de Rotterdam y Amberes entra más del 80% de la cocaína que se consume en el continente.

La princesa heredera de ese país, Amalia de Orange tuvo que buscar refugio en España al ser amenazada de muerte por ese cartel.

El cabecilla de la organización un neerlandés de origen magrebí, Karim Bouyakhrichan, que estaba en búsqueda y captura por sus amenazas a la princesa, encontró refugio en nuestro país, que dicho sea de paso se ha convertido, por la errática política del gobierno socialista, en el refugio preferido de las mafias de todo el mundo.

Y como Spain is different, aquí fue detenido, hasta que un juez, despistado, distraído, sobornado o amenazado, vaya usted a saber, decidió dejarlo en libertad provisional.

El resultado fue que el pájaro voló a los cómodos y confortables lares marroquís.

3 CÁDIZ

Fue fundada por los navegantes fenicios allá por el año 1 100 a.C. y se asienta sobre lo que antaño fue un pequeño archipiélago de tres islas sobre un tómbolo que la une a tierra firme por un finísimo istmo de arena.

Invadida por los cartagineses en el año 238 a. C. de allí partió Aníbal, el hijo de Amílcar Barca para la conquista de Italia.

En el año 711, tras la batalla del rio Guadalete las tropas de Tarik Bin Ziyad entraron en la ciudad, ocupación que se extendió en el tiempo hasta el año 1 262.

Tras su reconquista Alfonso X el sabio inició la repoblación de la ciudad con gentes de lo que entonces era conocido La Montaña, es decir Santander, Laredo, Castro Urdiales.

Cuando el nuevo continente fue descubierto Cádiz fue agraciada con el monopolio del comercio con las nuevas tierras, Felipe V ordenó el traslado de la casa de Contratación de Sevilla a Cádiz. Ello provocó un aluvión humano, muchos de los que intentaron la aventura americana terminaron por aposentarse en la ciudad. Los apellidos de los actuales gaditanos reflejan, meridianamente, sus origines.

Cuando en 1808 Napoleón invadió España, Cádiz fue el único reducto que resistió a la invasión, los franceses fueron detenidos en una encrucijada que se llama Rio Arillo Fue asediada y bombardeada. Des las vecina localidad de Puerto Real, ,lo que dio lugar a la leyenda urbana, en forma de canción, que dice: «con las bombas que tiran los fanfarrones se hacen las gaditanas tirabuzones». Efectivamente las mujeres utilizaban las esquirlas de las bombas para moldear su pelo.

En el Oratorio de San Felipe Neri se promulgó la primera constitución liberal de España en 1812, conocida popularmente como «la Pepa», porque se promulgó el día 19 de marzo.

Conocida popularmente como «la tacita de plata», el poeta romántico británico Lord Byron la bautizó como «la Sirena del Océano».

Pieza siempre codiciada por ingleses y holandeses, la ciudad estaba protegida, en la playa ciudadana de la Caleta por dos impresionantes fortalezas construidas con piedra ostionera.

V UNA RELACIÓN MUY TÓXICA

Me sumí en una depresión tremenda, me encerré a oscuras en mi habitación, cerré los ojos y me eché a morir.

No sé cuánto tiempo permanecí en este letargo, un día impelida por una fuerza interior me desperté, di un espeluznante alarido y grité a la vida hasta dolerme la garganta :¡Quiero vivir!, ¡Quiero vivir! Y empecé a vestirme.

Mi madre acudió presurosa al oír tal alarido, sin decir nada, imperturbable, me abrazó y observé como dos lagrimas furtivas se deslizaban por sus mejillas, Así eran los padres en aquella época, estoicos, sufridos, luchadores, habían sufrido tanto, pasadas tantas calamidades y tragedias que habían sepultado sus sentimientos, los habían escondido tan dentro de sí que eran incapaces de mostrarlos, pero los tenían.

Comencé a llevar una vida normal, salía a pasear con mi hijo, procuraba ocultarle mi tristeza y volqué todo mi amor en el niño.

Una tarde me encontré con la madre de Fernando, me costaba llamarla suegra, se interesó por nosotros y muy de soslayo preguntó por su hijo, en su fuero interno debía sentirse culpable de haberlo abandonado.

No tuve más remedio que contarle lo sucedido.

Cuando le comenté que estaba buscando trabajo, que no quería seguir dependiendo del magro salario de mi padre, ella me dijo: «Aquí en Cádiz si no tienes aldabas difícilmente lo encontraras, pero voy a hablar con D. Joaquín el doctor, que tiene un cargo importante en el Hospital Puerta del Mar, a ver si te coloca allí aunque sea de limpiadora».

¿Conoces a D. Joaquín? Le pregunté sorprendida.

-Trabajo de cocinera en su casa, son muy buena gente y estoy segura de que me escuchará y te ayudará, es un hombre muy sensible.

Pocos días después vino a verme y me entregó un sobre, preséntate mañana temprano en el hospital, pregunta por Lorena, la enfermera jefe y le entregas esta nota.

Esa noche no pude dormir presa de los nervios, tenía pesadillas, me veá vestida de blanco al lado de la cama de un moribundo cuya cara me era conocida, me desperté bañada en sudor, no podía seguir durmiendo, me levanté, me di una ducha con agua fría y una hora antes de la hora establecida estaba a las puertas del hospital esperando. Veía a los médicos y enfermeras llegar, charlando despreocupadamente y me imaginé una de ellas. Soñaba despierta.

Lorena era una persona de mucha sensibilidad, que había visto y vivido muchas calamidades. Enseguida me sentí a gusto con ella, y aún hoy día, a pesar de los años transcurridos seguimos en contacto.

Leyó la nota y solo comentó: «D. Joaquín tiene un corazón que no le cabe en el pecho», y añadió: «Niña ven mañana a primera hora, con una bata y unos zapatos blancos de esos que usan los tenistas, empiezas ya».

Pasé por todos los departamentos del hospital, en una especie de maratón de entrenamiento, hasta recalar en el paritorio, donde estaba a gusto, era muy gratificante traer niños al mundo, aunque no podía evitar en cada nacimiento el mismo pensamiento, ¿Qué le deparará la vida a esta criaturita?

Porque la mayoría de las personas somos zarandeadas por la vida, llevadas de aquí para allá, como las hojas caídas del árbol que las mueve el viento a su libre albedrío, a veces lo somos por méritos, aciertos o errores propios, y la mayoría de las veces por hechos ajenos a nuestra voluntad.

A veces, quizás demasiado a menudo, me preguntó si tenemos derecho a traer seres a un mundo cada día más hostil, difícil, duro y peligroso.

Los medios de comunicación están cada día repletos de noticias luctuosas, padres que matan a sus hijos pequeños, adolescentes que asesinan a compañeros de clase e hijos que masacran a sus padres, maridos, amantes o exnovios que asesinan a sus parejas. Y aunque las feministas lo nieguen, también hay mujeres que asesinan, matan, difaman y mienten.

Esta escrito en los genes humanos y se da en todos los estamentos sociales y en todos los géneros, masculino, femenino y neutro

Ahora hay más violencia que nunca, entre otros muchos factores, en mi opinión, es porque esta sociedad es más débil, no está acostumbrada a sufrir, no ha conocido la adversidad y cuando los problemas, reales o ficticios que de todo hay, llegan no saben enfrentarse a ellos. Y como nadie reconoce sus fallos sino que lo achacan a la actuación perversa de otros su solución es matar, nacen los asesinos en serie.

La violencia campa a sus anchas por una sociedad de individuos cada día más débiles y que a la menor contrariedad dejan salir todos sus malos instintos y todas sus debilidades.

En el paritorio éramos como una familia, nos regocijábamos juntos e igualmente sufríamos cuando algo no salía como debía.

Entre la variada gama de especímenes que pululan por un hospital había un estudiante de medicina, o eso decía él, que se llamaba Edward, un venezolano bien parecido pero que parecía se dedicaba más a piropear a las chicas que a estudiar.

A mí me parecía como si me estuviera espiando, me lo encontraba en todas partes, y siempre me decía lo mismo: ¿Dónde va esta niña tan simpática sola sin que nadie cuide de ella? A mí ni me gustaba ni me disgustaba, pasaba olímpicamente de él, no era mi tipo de hombre y no quería saber nada de ellos, yo ya tenía el mío, mi hijo, que se estaba convirtiendo en un mozalbete.

Un día estábamos el equipo del paritorio comentando el caso que teníamos entre manos y estábamos todas muy ilusionadas.

Era una joven parejita, ella una muñequita, de apenas 1,50 metros de altura, de aspecto delicado, piel blanquísima, pelo rubio, de un rubio que a veces parecía blanco, ojos grises, mirada alegre y muy ilusionada con su estado, estaba a punto de salir de cuentas.

Él era un mozalbete, alto, fuerte, moreno, de mirada directa, mirada de hombre serio, honesto, sin dobleces, sus bíceps parecían querer romper la manga corta de su camiseta y sus pectorales se marcaban en su ajustada vestimenta.

Pero lo que más nos impresionaba era el amor que sentía y mostraba por su pareja, no sé si estaban casados o eran pareja de hecho, pero se notaba que la adoraba, las muestras calladas, sin palabras, de amor eran enternecedoras, la miraba con arrobo, le acariciaba el cabello y estaba siempre pendiente para satisfacer su menor deseo.

Y la perspectiva de ser padre le agradaba, cuando estaba absorto en sus pensamientos, una sonrisa florecía en sus labios, parecía estar disfrutando ya de su bebé.

El día del parto se presentó difícil, ella era tan menudita y estrecha de caderas y el bebé parecía tan grande que esperábamos alguna dificultad.

Por ello la habíamos estado controlando a conciencia, su tensión arterial, la secreción vaginal y su sangrado, la regularidad de las contracciones, su temperatura, pusimos especial interés en si se le hinchaban las manos. o la cara. Aparentemente todo estaba bien, el bebé estaba en la posición correcta.

Como el bebé se resistía a salir tuvimos que ayudarle con los fórceps, nos aseguramos de que el cráneo del bebé no sufriera daño alguno y lentamente lo fuimos girando y sacando.

Era una linda muñequita, como su madre pero en miniatura y su llanto, fuerte y vigoroso, nos sonó a música celestial, su meconio también era oscuro, denso y pegajoso, inspeccionamos el cordón umbilical y medimos el ritmo cardiaco del bebé. Todo era correcto.

Cuando unas nos dedicábamos a lavar al bebe y vestirlo, las otras enfermeras chequearon a la madre, es busca de posibles desgarros perineales

Cuando entregamos el bebé a la madre esta lo miró con arrobo, la estrechó entre sus brazos, estaba feliz como toda recién parida, de pronto sus ojos se extraviaron, lanzó un profundo respiró y se fue.

Nos quedamos paralizadas, sin habla, tratamos de reanimarla, le aplicamos una RCP (reanimación cardiopulmonar) con aplicaciones torácicas y descargas eléctricas. No hubo reacción.

Estábamos consternadas, confusas y sin terminar de explicarnos que había pasado, que había ido mal.

Y entre tanta confusión y abatimiento alguien dijo: «Habrá que decírselo al padre». Nos mirábamos las unas a las otras y nuestra mirada decía: «Yo no».

Lorena se dirigió a mí: «Meli tú, que cuando quieres tienes mucha mano izquierda, por favor, hazlo», Pensé. ini hablar yo solita no me como ese marrón, pero me guarde mis pensamientos. Acepté pero pedí que alguien me acompañara, no sabía cómo reaccionaría ese hombre tan enamorado al oír la noticia.

Subimos Lorena y yo, le entregamos el bebé, el hombre no se atrevía a cogerlo, temía que con esas manos tan fuertes pudiese hacerle daño a algo tan frágil y delicado.

Finalmente, con suma delicadeza lo acunó en sus brazos, la miraba extasiado hizo intención de darle un beso, pero se contuvo, levantó la mirada y preguntó: ¿Y Maitechu como está?. No hicieron falta palabras, lo leyó en nuestros rostros. Sin decir nada, nos entregó el bebe y saltó por la ventana.

Esa tarde noche, salí del hospital y me fui a la playa a pasear por la orilla del mar, no quería ir a casa, no quería ver a nadie, no quería seguir viviendo.

Estaba sentada en la arena, perdí la noción del tiempo, cuando una sombra se me acercó y solo oí decir :«Mi niña, ¿estás bien? Necesitas tomar algo que te reanime».

No recuerdo nada más, desperté tumbada en la cama de un hotel, semidesnuda y a mi lado, roncando como un oso en su invernadero al gachupino venezolano.

Me vestí, tenía un terrible dolor de cabeza,, la boca seca, estropajosa, no podía articular palabra, llegué a casa me duché y me acosté, tenía guardia de tarde. Cuando llegué al trabajo le pedí al jefe de personal que me cambiara de departamento, no me sentía con fuerzas para seguir en el paritorio.

No habían transcurrido dos semanas de aquella triste tarde en el paritorio, cuando empecé a notar unos síntomas que no me eran familiares pero que conocía por otras mujeres.

Tenía náuseas y vómitos, orinaba continuamente y me dolía la cabeza, síntomas que achaqué a la resaca, no sabía cuántos bloody mary había ingerido o lo que fuera que hubiese bebido.

El retraso en la menstruación no me alarmó porque solía ser muy irregular. Ni se me ocurrió pensar que estaba embarazada.

Pero cuando comencé a experimentar cambios de humor y un cansancio inapropiado, decidí prestar un poco más de atención a mi cuerpo, observé que el flujo vaginal era más rosado y espeso. Decidí ir a la farmacia y hacerme una prueba.

El resultado fue inapelable, embarazo de pocos días.

Me fui a ver a Edward.

-¿Qué pasó la otra noche cuando me encontraste en la playa?-

- Pues que estabas tan deprimida que pensé que una copa te vendría bien-

¿Y?

-Nada-

¿Cómo nada, entonces como te explicas que sin haber tenido relaciones con ningún tío, esté embarazada? Abusaste de mi estado y me violaste.

-No mi niña, te juro que no lo hice, yo también estaba muy borracho, lo hicimos inconscientemente, a ti parecía gustarte-

Su respuesta me exaltó: -¿Cómo cojones podía gustarme sino sabía ni donde estaba, ni lo que hacía.-

-¿Vas a abortar?

-¿Estás loco, está prohibido y es muy peligroso, además mis creencias no me lo permiten, tendrás que reconocer que es hijo tuyo y da gracias a Dios que no te denuncio por violación, porque estoy tan confusa que no sé si realmente fue consentido o fue una agresión, corramos un tupido velo sobre el asunto. Voy a tener a este hijo y tú me tendrás que ayudar.

Inicié una relación altamente toxica.

Así entró en mi vida la persona que la convertiría, durante un largo periodo de tiempo en miserable y de cuya relación me arrepiento. Aunque lamentarse del pasado es una perdida estúpida de tiempo y energía.

Cuando mis amigas y familiares se enteraron la reacción fue unánime: «No seas boba, ese tío solo quiere vivir a tu costa, cuando termine la carrea te dirá adiós y si te he visto no me acuerdo, mándalo a paseo».

No los escuché y me arrepentí muchas veces de ello.

Teníamos una relación de compañeros de piso, dormíamos en habitaciones separadas, pero poco a poco me fui, no enamorando, peri si encariñando con él.

Era meloso, tierno y delicado, siempre con « lo que tú quieras mi niña, lo que tu decidas», era servil y respetuoso. Y cuidaba de los dos niños, a mi hijo mayor, fruto de mi matrimonio lo trataba como al suyo, no hacía distinciones.

Poco a poco se fue ganado mi cariño.

Cuando constaté que era innegable que no era buen estudiante, intelectualmente me parecía muy limitado (aparte de vago), y no le veía capaz de sacar la carrera de medicina, le aconsejé que hiciese un curso acelerado de enfermería, suponía que a ese nivel quizás fuese capaz de llegar.

Le monté en un local alquilado una especie de consultorio de enfermería, se dedicaba a poner inyecciones y curar pequeñas heridas y magulladuras. El negocio no daba para nada más que pagar el alquiler y los gastos de mantenimiento, pero al menos lo mantendría ocupado y lo alejaría de esa inclinación tan natural suya de piropear, insinuarse y tratar de engatusar a las jovencitas descocadas que pululaban por la zona.

Las modas habían cambiado y las niñas quinceañeras ya parecían mujeres hechas y derechas, pero sobre todo se vestían con unos bodis y unas minifaldas que parecían aprendices de meretrices. Y provocaban descaradamente a sus amigos e incluso a hombres más mayores.. Lobos viejos con los colmillos afilados dispuestos a copular con quien fuera.

Todo iba más o menos bien, no es que fuera feliz pero al menos no era desdichada.

Pero empezaron a aparecer unos síntomas que no me gustaban, me sentía herida en mi dignidad.

Comenzó a mentir, a engañarme, lo intuía pero no podía demostrarlo, empezó a regresar tarde a casa, con su sonrisa melosa se excusaba: «Perdona mi niña, pero he tenido mucho trabajo». De los retrasos pasó a las ausencias .«Estaba tan cansado, mi niña, que me quedé a dormir en el consultorio».

Un tarde noche decidí averiguar qué estaba pasando, me acerqué al consultorio, la luz estaba encendida y la puerta cerrada. Toqué el timbre y la luz se apagó, me mosqueé, volví a tocar el timbre, no había respuesta, pregunté a los parroquianos del bar de enfrente: ¿Sabéis si hay alguien ahí dentro?, Sí, porque hemos visto entrar a una pareja y la luz estaba encendida, fue la respuesta. A los parroquianos se les despertó el morbo. Debieron pensar que habría un escándalo, permanecían atentos y expectantes para disfrutar de un rato de diversión. Una esposa celosa iba a cazar al adúltero con las manos en la masa. No querían perderse el espectáculo.

Pensé, quería pensar, ya había ocurrido otras veces, que los drogatas habían entrado en busca de estupefacientes o de algo que meterse entre pecho y espalda, pero enseguida deseché la idea, sabía que el muy cabrón estaría allí con una de sus adolescentes conquistas.

Llamé a la policía y con la excusa de los drogatas le pedí que forzaran la puerta y entraran.

La policía me dijo que no lo podían hacer sino era con una orden judicial o una autorización directa mía.

Le pedí a dos parroquianos que hicieran de testigos y les autoricé.

Rompieron una ventana y penetraron en el local y detrás de ellos entró mi menda lerenda.

Y allí estaba el mastuerzo, tumbado semidesnudo en el sofá simulando haber sido despertado por el barullo. La policía inició una inspección de rutina y sorpresa, sorpresa, detrás de una cortina y en paños menores, se encontró a una jovencita que no tendría ni dieciocho años, que al verse descubierta empezó a gritar como una rata cuando la atrapa un hurón.

No dije palabra, di media vuelta y me fui a, casa, recogí todas las pertenecías del malandrín las metí en una maleta y la puse en la puerta.

Apareció al día siguiente a medio día, intentó iniciar su retahíla de excusas y palabras melosas. No le dejé ni iniciar, le dije: «Ahí tiene s tus cosas, lárgate, hijo de puta, cabrón bastardo y olvídate de que me has conocido».

Sacó a relucir su verdadero carácter, violento y agresivo, comenzó a insultarme y vilipendiarme, avanzó amenazador hacía mí, me empujó y me lanzó contra la pared, me golpeé la cabeza, estaba semi inconsciente cuando noté sus manos en mi garganta, me apretaba y apretaba con todas sus fuerzas, notaba que me faltaba la respiración me sentía desfallecer, me faltaba el aire, no sé cómo conseguí poner mi mano en su cara y le clave mis afiladas uñas, una de ellas debió dañarle un ojo, porque soltó un alarido y en un acto reflejo me volteó y me tiró al suelo, allí intentó otra vez estrangularme, en mi forcejeo por sobrevivir mi rodilla le alcanzó en los genitales, lanzó un alarido de lobo en celo, se retorció de dolor, la cara ensangrentado y las manos agarrándose sus atributos, aproveché su momento de debilidad, lo agarré por el cuello de la camisa y la correa del pantalón y lo arrastré hasta la puerta, abrí y lo tiré como a un fardo por la escalera, siete escalones abajo se quedó acurrucado llorando y quejándose, saqué la maleta y se le tiré encima.

Cerré la puerta y eché los cerrojos, dejé las llaves puestas por el interior para evitar que tratase de entrar.

Me quedé aturdida, trataba de recuperar el aliento y pensar, tratar de adivinar su próximo movimiento.

Llamé por teléfono a mi madre para que fuese al colegio a recoger a los niños y se los llevara a su casa. No le di ninguna explicación, solo le rogué: «Mama, por favor, haz lo que te digo, no hagas preguntas».

Llamé a la policía y le dije que en la escalera había un tipo que me resultaba sospechoso y que no me atrevía a salir. Cuando llegó la policía, tarde como de costumbre el individuo había desparecido. Nunca lo volví a ver.

Después de dos días enclaustrada me atreví a salir, pero andaba ojo avizor por si el sujeto hacía acto de presencia.

Reanudé mi vida normal, pero siempre atenta, alerta, oteando el horizonte, olfateando el peligro, como las presas hacen en la naturaleza para detectar a su depredadores. Me sentía como un animalito acorralado.

Sentía que me estaba volviendo paranoica, en una persona asustadiza. Decidí asistir a una de esas instituciones de protección a la mujer que empezaban a proliferar debido al sustancial incremento de esta lacra social.

Y aunque es cierto eso de que mal de muchos consuelo de tontos, fue el conocer las desgracias y tragedias de otros lo que me ayudó a superar mi síndrome de víctima.

Había dos casos, uno trágico y otro bufo que me hacían llorar y reír al mismo tiempo.

Había una señora de unos setenta años, cuyo drama hacía que mi caso parecieses una simple anécdota.

Su hija, madre de tres hijos, había estado casada con un empleado, de cierto nivel, de una entidad bancaria, creo que era director de una sucursal, exteriormente era una pareja modélica, pero el individuo debía tener un trastorno bipolar, en el exterior era educado, respetuoso, un ciudadano ejemplar, pero en casa se transformaba, era brusco, violento y agresivo. Pero además era un putero irredento y un ludópata incorregible.

Tenía una doble vida, tenía una amiguita, en mis tiempos se decía «una querida» y cuando tenía alguna trifulca con la «pajara», volcaba su mal humor en casa, maltrataba a su esposa, la violaba y la mancillaba. Empezó a hacerlo a los pocos años de casados, cuando ella estaba en su segundo embarazo, durante más de 20 años había soportado estoicamente los malos tratos y las vejaciones.

Cuando le detectaron un cáncer de estómago y le dieron seis meses de vida, el individuo se desbocó.

Permanecía días enteros en brazos de las barraganas y jugando, pronto sus ahorros desparecieron y se dedicó a auto concederse préstamos para saldar sus deudas de juego y financiar sus orgías.

Un día cuando ya vislumbraba que sus días estaban llegando al final, llegó a su casa borracho, descerrajó un par de tiros a su esposa y se suicidó. Los niños se salvaron porque estaban en el colegio.

Y allí estaba esa anciana, viuda para más inri, cuidando de sus tres nietos y teniendo que hacer frente, con su magra pensión, a las deudas que su siniestro yerno le había dejado. La entidad bancario era implacable, los herederos se tenían que hacer cargo de las deudas.

Cada vez que rememoro su historia me convierto en un mar de lágrimas.

El otro caso, rondaba entre lo chusco y la tragicomedia.

Yo lo llamaba el caso de la guerra de los Rose, ya saben esa tragicomedia de Michael Douglas, Kathleen

Turner y DeVito, en la que una pareja parece disfrutar haciéndose la vida imposible el uno al otro.

En el caso que me ocupa, Lupe, así se llamaba la señora, se refería a ella misma como «la rompe vajillas». Ella y su marido tenían una relación de amor-odio que ni ellos mismos sabían explicar. Una relación que haría las delicias de algún avispado psiquiatra.

Cualquier día por un «quítame allá esas pajas» se enzarzaban en una broca descomunal, las platos, platillos, tazas y soperas volaban por los aires.

Cuando se calmaban, se reconciliaban y entonces quienes sufrían las consecuencia eran los muelles de la cama, se llevaba días enteros entregados al placer de la reconciliación. Parece que les encantaba el intercambio, en posición horizontal, de bacterias.

Cuando por fin se cansaban de su agitador ejercicio horizontal, iban los dos, cogiditos de la mano, al cercano Corte Inglés a elegir la nueva y poco duradera vajilla. Se habían convertido en el cliente preferido de la fábrica de Sargadelos.

A los pocos meses, no sé si debido al levante, los fases de la luna o las mareas volvía la burra al trigo, nueva bronca, nueva reconciliación y vajilla nueva.

Hoy después de tantos años cuando recuerdo a esta singular pareja no dejo de sonreír.

Mi vida transcurría plácidamente, no llegaba a fin de mes, pero tampoco pasaba necesidades, me gustaba mi trabajo, además había encontrado al hombre de mi vida.

Mi hijo mayor, Fernando era ya un chavalón de 18 años que ejercía de padre de familia, él se ocupaba de sus hermanos, les preparaba el desayuno, los llevaba al colegio, les ayudaba en sus tareas.

Andaba tonteando con Ivone una chica del barrio de su misma edad y los dos se convirtieron en los ángeles guardianes de los dos pequeños. Esta atención tan generosa me hacía sentirme relajada y tranquila.

Pero una vez más, la diosa fortuna, la providencia o quien puñetas sea vino a complicarme la existencia.

VI LA VUELTA DEL MARIDO PRÓDIGO

Ese día, como todos los días había salido de casa para dirigirme al trabajo, seguía mi itinerario de siempre, calle Sagasta hasta llegar a la calle Hospital de mujeres y desembocar en la plaza de la Libertad, o del mercado como solía decir, allí tontear con Antonio, el del puesto de «chuches», nos conocíamos desde niños, éramos d la misma calle y de la misma edad.

El dialogo no variaba.

-Meli, cada día estas más atractiva y apetitosa, si tuviera cien años menos te tiraría los tejos-.

-Y tú estás cada día más «chuchurrío», como tus chuches, viejo verde, cacatúa-

-Que víbora eres, Meli, tan sarcástica y mordaz como siempre, que lengüita tienes-

-Y tú tan marchoso como siempre, que te gusta que te diga «cositas»-

-Preciosa, cuídate y que tengas un buen día-

-Gracias, cariño, que vendas mucho y cuídate que ya no estás para estos trotes con este calor-

- Por cierto, hoy me han preguntado por ti-

-¿Quién si se puede saber?-

Una voz sonó muy cerca, ¡yo!

¡Esa voz me era muy pero que muy familiar!, giré la cabeza y allí estaba él.

No supe reaccionar hasta pocos segundos después: ¿Tú, que haces aquí?

Intentó hablar para disculparse, pero no lo dejé. Tú y yo no tenemos nada de lo que hablar, para mi moriste el día que abandonaste a tu hijo de pocos meses.. ¡Lárgate! Y me volví.

-Meli, por favor, solo te pido que me dejes conocer a mi hijo-

-Él no quiere verte, no sabe ni que existes-

-Pregúntale, por favor-

Estaba suplicando, humillándose, el otrora orgulloso y petulante jovencito, era ahora un anciano desvalido, lo vi muy ajado, mue envejecido. Empecé a sentir lástima, un sentimiento que puede resultar muy dañino. Y ese sentimiento me perdió.

-Le preguntaré al chico si quiere verte, mañana te digo algo-

Seguí mi camino hacia al hospital, en el tramo entre la plaza de las Flores y la Plaza de España para abordar el autobús me vinieron a la memoria los versos de un periodista y escritor gaditano José Oneto. (q.e.p.d).

Yo no quise enamorarme / yo tenía la desesperación de otro días y otras horas / Los recuerdos torturantes de ese amor que da la ciencia del que sufre y del que goza, / del que se yergue o se humilla, / del que se alza o se arrodilla, / del que se empina o se esconde, / del que vive sin reposo sus dolores deprimentes e irritantes. / Del que se estremece o enloquece / enfebrecido por encima de las cosas, / bajo el yugo de los corales ,/ con el brillo de las rosas. / ¡Él llegaba sonriente!

Y a mi pesar me di cuenta de que aún seguía enamorada de ese malandrín que tanto daño me había causado.

Y recordé una estrofa de la canción «Solamente una vez» del gran compositor mejicano Agustín Lara, estrofa que repetía una y otra vez.

> Una vez, nada más
> Se entrega el alma
> Con la dulce y total
> Renunciación

En el hospital comenté de pasada con una compañera y sin embargo amiga. Pepi ¿tú crees que solo se ama una vez en la vida.

Pepi que era muy pragmática me respondió:, «mira chica, las mujeres tenemos un problema, si se puede llamar así, y es bastante grave, cuando nos enamoramos lo hacemos de «verdad», y aunque nos divorciemos y nos volvamos a casar nada es como el primer amor, siempre en lo más recóndito de nuestra alma queda algo de ese primer amor y sí además fruto de ese amor hemos tenido hijos, nunca nos olvidaremos del hombre que nos fecundó.

Pepi era muy suspicaz, y con una mirada picara me dijo: «No me digas que tienes un «rollete» y te has vuelto a enamorar. ¿Y cómo es él?, como cantaba ese conocido cantante».

-Es mi marido, que ha vuelto-

Y tú, te debates entre aceptarlo de nuevo a mandarlo a freír espárragos. ¿Cierto?.

-Que loca estás, lo pasado es pasado, nunca segundas partes fueron buenas-

-Pero todo el mundo merece una segunda oportunidad-

-Bueno, volvamos al trabajo, ya está bien de chachara, que parece que estamos en esas tertulias rosas de la televisión.

Y aunque traté de concentrarme en mi trabajo, el inesperado encuentro y las palabras de Pepi me venían constantemente a la cabeza.

Hablé con mi hijo y este se mostró mucho más razonable de lo que esperaba.

-Mamá, aunque debería guardarle rencor por haberme abandonado, no deja de ser mi padre y creo que debo verlo y conocerlo-.

-Se lo diré y que venga a recogerte, charláis y ya me contarás-

Volvió de la reunión, feliz y triste, había encontrado a un padre al que había echado mucho en falta, pero triste porque se había encontrado a un hombre solitario, abatido, derrotado y sin ilusión.

Se volvieron a ver otras veces.

Un día me dijo :«Mamá, está muy solo, muy triste. Malvive mustio y solitario en una destartalada habitación de una posada de mala muerte, lo veo sin ganas de vivir como queriendo morirse, y me gustaría poder. disfrutar de él por algún tiempo». Tenemos una habitación libre, porque no le dices que se venga aquí, sería como si alquilaras la habitación a una persona.

Estas palabras de mi hijo y mis sentimientos que afloraban sin cesar me llevaron a la decisión de decirle que podía vivir con nosotros.

Establecimos una relación de amigos, de compañeros de piso, no hablamos del pasado, no soy de las que les gusta recordar y reprochar errores pasados, lo pasado está pasado y el arrepentirse es una pérdida de tiempo, energía y solo genera impulsos inapropiados.

Ya estaba jubilada así que disponía de todo el tiempo del mundo para salir de paseo, hacer excursiones y viajes.

Un primo mío tenía una agencia de viajes, y organizaba algunos eventos, gracias a él y a su peña de amigachos hicimos, Fernando y yo, una excursión a un pueblo muy original y bonito en la maravillosa y desconocida sierra de Cádiz. Hicimos la ruta de los Pueblos Blancos[1]

Los gaditanos capitalinos estamos tan volcados al mar y en disfrutar de nuestras magnificas y coquetas playas que nos olvidamos, demasiado a menudo, de que tenemos una provincia muy variada y compleja.

Que tenemos unas rutas turísticas que para sí quisieran otras comunidades, entre ellas de los Pueblos Blancos.

Fue una experiencia inolvidable.

Otro día mi primo me dijo que la peña taurina a la que el asistía estaba preparando una excursión a la finca que un torero gaditano tenía en la zona norte de Sevilla, para asistir a lo que en ese mundo tan especial, el mundo del toro se denomina capea2 que consiste en probar a las vaquillas para calibrar su bravura y si merecen ser dejadas, por su bravura, como futuras madres de los toros de lidia.

Nunca había tenido contacto con ese mundo, tan singular, tan hispano, tan especial y misterioso que te subyuga y hechiza puedes estar o no de acuerdo con lo que algunos llaman maltrato animal, pero los intríngulis, las interioridades del mundillo te fascina y te penetra, como ha sido el caso de algunos escritores famosos como Hemingway que le llevó a escribir dos memorable novelas sobre la tauromaquia y su embrujo. Fiesta Y Muerte en la tarde.

El tereo había reunido allí a gente, famosa, famosillos y otras gentes de mala reputación y peor vivir y sus seguidores de la peña.

La experiencia fue tan fascinante, tan descubridora de un mundo especial que cuando lo comenté con mi primo este me dijo, pues si no has hecho la Ruta del Toro no has sentido todo lo que este mundo te transmite, es algo que tienes que vivirlo, no se puede expresar con palabras, ¡o lo vives o lo ignoras!, es una experiencia que hay que vivir.

Soy curiosa por naturaleza, inconformista y me gusta conocer y experimentar nuevas sensaciones y estas palabras de mi familiar me provocaron.

-Primo, ¿cómo se puede hacer esa ruta?-

-Hay agencias que las organizan, cuando regresemos a Cádiz, hablaré con ellos y te informaré.

Había dos rutas la más corta salía de Jerez hasta Benalup, pasando por San José del Valle, Alcalá de los Gazules, Paterna de Rivera, Medina Sidonia y Benalup.

Decidí que esta era la más idónea, los viajes en autobús me cansan y para probar era mejor poco y bueno que mucho y menos bueno.

A lo largo de la carretera, el guía nos iba explicando quien era el propietario de las fincas y que hierro tenía allí a sus animales, En Alcalá de los Gazules nos dijo que pastaban los toros de Gago Cebada una de las más prestigiosas ganadería y que las fincas se llamaban «Pozo de la Guardia » y «Las ventillas» y la de Medina Sidonia se llamaba «La Zorrera».

El bus hacía algún alto en la camino en los lugares en que los toros estaban más próximos a los cercados, bajábamos a acercarnos a una distancia prudencial porque aunque es un animal que se le ve noble cuando te acercas, aunque tengas una valla metálica entre él y tú imponen respeto.

En Benalup degustamos un almuerzo típicamente campero, con espárragos salvajes, conejo de caza y un gran solomillo, algunos se atrevieron con el rabo de toro, todo regado con un vino casero denso y áspero y grandes rebanadas de pan de pueblo con aceite de oliva.

La experiencia fue tan gratificante que en cuanto tuvimos oportunidad lo repetimos pero esta vez fue con la ruta dos que partiendo de Jerez bordea el embalse de Barbate, atraviesa el Parque natural de los Alcornocales llega hasta el municipio de los Barrios y se bifurca hacia Castellar de La Frontera 3

Una calurosa tarde de verano Fernando había salido a hacer unos recados y volvió con un folleto de una agencia de viajes. Comentando con él que hacía mucho calor, me dijo; «Meli, no te apetecería refrescarte en una piscina, en un crucero en el Caribe4, nunca te he regalado nada y me gustaría hacerte ese regalo»

Yo no me corté un pelo y dije yo a caballo regalao no le miro el diente, ¿Cuándo nos vamos?

Y así fue como hice mi primer y único crucero de vacaciones, fue una semana inolvidable, llena de nuevas emociones y sensaciones, descubriendo nuevos mundos.

Estaba, de alguna manera, recuperando el tiempo perdido, junto al hombre al que había amado con locura y al que ahora amaba de forma más sosegada, más apacible.

Dicen que la música amansa a las fieras, y yo digo que los años y las desilusiones doman a los humanos.

Ahora recuerdo esos años con mucha nostalgia.

Por fin mi vida parecía discurrir por los cauces donde las aguas bajaban mansas.

[1] *LOS PUEBLOS BLANCOS*

Siempre había oído hablar de la excelente calidad de la marroquinería producida en Ubrique, sus bolsos y zapatos tenían merecida fama por su alta calidad. Nunca me había preguntado porqué y a cuenta de qué se debía esa fama.

Cuando en la visita a una de las instalaciones nos explicaron el laborioso proceso que sigue el tratamiento de la piel no dejaba de admirar como el ser humano es capaz, fallos y fracasos mediante, de desarrollar procesos tan sofisticados.

El pueblo al que llaman de las mil fuentes es realmente precioso

De allí partimos hacía Grazalema, nunca en mi vida he pasado tanto miedo viendo desde la ventana por los precipicios por los que discurre la carretera, el panorama es de una belleza natural espectacular, pero para disfrutarlo te tienes que abstener de sentir miedo, si te concentras en las vistas es un viaje que repetiría mil veces.

Hicimos un alto en al camino en El Bosque, el pueblo truchero por excelencia y degustamos este pez, criado en pozos naturales.

En Grazalema el bus aparcó en una placita donde justamente había un mosaico mostrando y explicando las muchas maravillas del lugar.

El Peñón Grande, las sierras del Endrinal, la de las Nieves y la del Pinar con sus 1 687 metros de altura y el Cerro de San Cristóbal.

Es el pueblo con el mayor índice de pluviosidad de España y en ocasiones hasta queda aislado por la nieve.

Su flora y fauna es variadísima.

Abundan los alcornoques, las encinas y los algarrobos y se te esfuerzas un poco puedes distinguir algún que otro madroño e incluso orquídeas.

Y como centinelas de tanta belleza, sobrevolando el entorno, águilas reales y perdiceras a la caza de los números reptiles, culebras, lagartos, lagartijas y conejos y liebres.

La actividad industrial de la zona se basa en el corcho para fabricar los tapones de las botellas, que era un floreciente y lucrativo negocio, antes de que el plástico lo inundara todo

Almorzamos en una restaurante situado en lo más alto del pueblo, desde los grandes ventanales del comedor las vistas eran tan hermosas, tan increíbles que no presté atención a la comida, ni recuerdo el menú.

Todavía hoy, cierro los ojos, pienso en Grazalema y puedo visualizar ese panorama tan increíblemente bello.

²LA CAPEA

La finca del torero estaba situada en la sierra de norte de la provincia de Sevilla y su acceso era una carretera estrecha y con muchas curvas.

Este mundillo era nuevo para mí, yo entendía de cangrejos moros y conchetas, ostiones y erizos de mar.

Pero mi primo, que había querido ser torero, era un fanático y me explicó algunas cosas, aunque la verdad sea dicha no le presté demasiada atención.

Estaba más pendiente de observar a la fauna que se había reunido allí.

Gente que salía en las revistas del corazón y en las tertulias de la televisión y gentes del toro, caras conocidas y gente que quería ser conocida.

³ CASTELLAR DE LA FRONTERA

Castellar forma parte de lo que se conoce como comarca del Campo de Gibraltar

Consta de tres núcleos de población perfectamente diferenciados, Castellar Viejo, que es un castillo medieval que fue el asentamiento inicial de la población y está situado en los alto de un cerro con unas impresionantes vista sobre el embalse del Guadarranque y de todo el entorno, incluido el Parque de los Alcornocales y que se salvó de la ruina gracias a que en los década de los70 se instaló allí una comunidad hippy lo que hizo popular el lugar y que era una atracción rustica, este hecho llevó a las autoridades locales restaurar el lugar, hoy día, aunque cuesta mucho subir, es un lugar muy apreciado por el turismo, sobre todo guiri. El lugar fue declarado Monumento Histórico Nacional en 1963.

Castellar nuevo, es como su nombre indica el actual y moderno pueblo y el tercer núcleo es la Finca de la Al Moraima, que está situada justamente en el corazón del parque de los Alcornocales y tiene una extensión de 14 000 hectáreas está considerada como «la última selva mediterránea». Su origen se remonta al periodo andalusí, cuando se erigió allí una torre de vigilancia, Su población actual no llega a los 200 habitantes.

La actividad económica de la zona, aparte del turismo, es el descorche de los alcornocales del inmenso parque

4 CRUCERO POR EL CARIBE

Viajamos en tren hasta Madrid para allí en un vuelo chárter de la empresa Pullmantur organizadora del crucero nos. llevaría hasta Aruba.

Para nuestra fortuna el aforo del buque no estaba completo, había que hacer esas interminables colas en el comedor o en las atracciones que había oído comentar a mis amigas que se forman en los cruceros cuando están completos.

Estaba tan excitada que no podía dormir, me fui a la cubierta me tumbé en una hamaca y me pasé la noche contemplando las estrellas.

Al llegar a Curazao creí que nos habíamos equivocado de barco, pues estábamos en ,lo que parecía, un pueblo holandés.

Esa noche me venció el cansancio y pude dormir cuando desperté estábamos llegando a Isla Margarita, hicimos una excursión en barca por los manglares y luego el crucero nos llevó a la Isla de Grenada, pusimos nuestros pies en la playa donde años antes habían *desembarcado los marines americanos en una más de sus innumerables guerras e invasiones.*

Tras una horas de navegación llegamos a Barbados, Fernando me tenía reservada una experiencia inolvidable, nos aventuramos a embarcar en un submarino que descendería hasta los 40 metros de profundidad. Esta tan excitada tan nerviosa que no pensé en el riesgo, solo sentí miedo, más que miedo «jindoi» cuando al regresar y estando en el buque nodriza que nos llevaría a tierra contemplé como el submarino con su nueva caga de turista se sumergía. Entonces me temblaron las piernas y me tuve que tomar un punch rum que es como llamaba el barman a la bebida, que por cierto entraba que daba gusto.

La última noche se celebró una cena de gala a la que asistió el capitán del buque y que aguantó estoicamente la sesión fotográfica con todos y cada uno de los asistentes.

A veces hay cosas por las que merece la pena pasar porque son experiencias inolvidable y que se mantienen siempre vivas.

VII EL PERIPLO DE FERNANDO

Nunca le había preguntado que había sido de su vida, pero un día que estaba «achispado», se había tomado media botella de Tío Pepe empezó a largar, yo no le prestaba demasiada atención, no tenía el mínimo interés en saber de su vida, quería borrar de mi mente todo lo anterior, reiniciar y empezar de nuevo.

Pero él ya había cogido carrerilla y continuó impertérrito:

Cuando vi las señales de la Guardia Civil de que parara, me asusté, pensé que me iban a detener. Solo el pensar en la cárcel me hizo reaccionar así, no lo pensé y salí huyendo como un conejo asustado.

No quería ir ni a la estación de autobuses ni a la del tren, pensé que las estarían vigilando, me escondí entre unos matorrales y esperé a la noche, me dirigí a un bar de carretera, donde había varios camioneros cenando, le conté una milonga de que me había escapado de casa huyendo del novio de mi madre y quería ir a Sevilla a casa de mi padre. Le ofrecí el poco dinero que llevaba. El hombre se apiadó de mí y me dijo espérame junto al camión, y me dio el numero de la matrícula, te llevaré.

Me reuní con mi padre y le conté, a grandes rasgos, el tema.

Mi padre, que no parecía tener muchas luces, solo comentó: «estás jodido muchacho, con la pasma no se puede saber nunca cómo va a reaccionar, yo que tú me largaría al extranjero, allí hay trabajo y nadie pregunta nada».

¿Y cómo hago si no tengo un duro?

Sin decir palabra, se levantó y se dirigió a una alacena y sacó un billete de mil pesetas, que me entregó sin decir nada.

Se ofreció a conducirme a la estación de autobuses, y me aleccionó: «hay un bus nocturno que va a Madrid, allí en la estación de Príncipe Pio móntate en el tren que va hasta San Sebastián, desde allí te diriges a Irún y espera un autobús que hace la ruta Asturias Ginebra y así cruzaras la frontera», me parecía muy ducho en eso de cruzar fronteras y organizar fugas. «En cualquiera de las paradas que hace en Francia bájate, ya que no podrás entrar en Suiza, esos queseros son muy estrictos. En Francia hay muchos emigrantes españoles y no llamaras la atención».

Recordé sus instrucciones y me bajé en Lyon, no sabía ni que hacer ni a donde ir, estaba deambulando, como un pollo descabezado, por la ciudad cuando acerté a pasar por un edificio, con un portalón de madera donde hacía guardia un soldado en uniforme de campaña y un gran letrero en el frontispicio que decía: Légion étrangère.

Ingenuo de mí, pensé que era un centro de acogida de extranjeros. Me atendió una señorita también vestida con uniforme de campaña, el pelo teñido de rubio recogido en un moño y una sonrisa encantadora. Empezó a hablar, no entendía nada, trato de hacerlo en otro idioma, entendí menos todavía.

Un Grito

Me extendió un papel, que no supe leer, y me indicó con el dedo una línea, he hizo señas como de firmar, estaba somnoliento, hambriento y cansado. ¡Firmé!

Y así sin beberlo ni comerlo, sin enterarme de nada, me acabada de enrolar en la Legión francesa.

Me llevaron a un recinto alejado de la ciudad, me dieron ropa, comí y pude descansar. No pensaba solo quería comer y dormir.

Después de varios días allí, sin que nadie se preocupara, me llevaron al aeropuerto y me metieron en un avión con otros treinta como yo. Pensé que me estaban deportando.

Después de un largo e incómodo viaje, que se me hizo eterno, el aparato aterrizó en un lugar que parecía estar en medio de la jungla. Estaba tan nervioso que me hice pipí en el pantalón.

Fui tomando consciencia de mi situación, allí había todo tipo de personas y de todas las nacionalidades, todos vistiendo unos uniformes muy pulcros y relucientes.

En la puerta de entrada un gran letrero decía:

Centre d'Entrainement Szutz

Me condujeron al barracón de los soldados, allí se me acercó Adrián un español de más o menos mi edad

Me saludó jovialmente, me llamó Adrián y soy de Córdoba y ¿tú?, Soy gaditano, le contesté con un hilillo de voz, estaba tan «acojonado» que no me salía la voz.-.

-Empezó diciéndome, no te creas esas historias de que aquí todos somos asesinos, violadores, criminales y psicópatas, gente con la no irías ni a recoger una herencia o quedarte

dormido a su lado.. Eso era en tiempo pasados.- Ahora venimos en busca de aventuras y porque no decirlo por la pasta.

¡Y como es la vida aquí, esto parece muy inhóspito!, pregunté muy preocupado.

-Dura, pero llevadera, lo más duro son los seis meses de adiestramiento, luego es rutina, salvo que te lleven a intervenir en algún remoto lugar del mundo, si eso es así te expones pero ganas muchas pasta, 50 dólares diarios extras que unidos a los 2 400 mensuales hace una pequeña fortuna.

-¿Y cómo es la gente?, parece que hay de todo tipo.

-Aunque tenemos que ser un grupo, que es lo que hace la fuerza, en los ratos libres no reunimos por nacionalidades o etnias, el grupo nuestro está formado principalmente por mexicanos, y sudamericanos y los pocos españoles que estamos aquí-.

-Muchas gracias por la información-

-Chao, nos vemos-

Al día siguiente nos llevaron a la oficina del coronel, al mando del campamento.

Lo primero que me llamó la atención es el jaguar embalsamado que tiene en su despacho, el jaguar tiene la boca abierta y está acostado en el suelo, es impresionante y cuando el coronel vio nuestra mirada nos dijo, muchos como estos os vais a encontrar durante el entrenamiento en la jungla. Una corriente eléctrica me recorrió la espina dorsal y no pude evitar un estremecimiento. El coronel me miró y con voz afable, me dijo : «Ya te acostumbraras a verlos y sobre todo a oírlos rugir».

La bandera del tercer regimiento Extranjero de Infantería decoraba el despacho.

El coronel pronunció unas palabras ensalzando la virtudes del cuerpo: «La legión francesa es la única unidad del ejército francés que no jura fidelidad a Francia[1] sino a la legión»

«Y desde su creación en 1831 su objetivo se ha mantenido inalterable, ser una tropa de combate al servicio de Francia[1], y estar compuesta de voluntarios extranjeros».

«Actualmente somos 7 800 los miembros que la componemos y a lo largo de nuestra historia hemos entregado al servicio de la patria a 40 000 de nuestros mejores hombres».

Pensaba que todo esto era para incentivarnos y que nos sintiéramos orgullos de pertenecer a esta selecta unidad, pero a mí lo que dio fue «jindoi», vamos que empecé a pensar como puñetas me había metido en este embrollo. Pero ya no había vuelta atrás.

El coronel terminó su disertación diciendo: entre nosotros hay gentes procedentes de 150 países, y durante años hemos dado cobijo a los excombatientes de las guerras civiles española y rusa. Después de la segunda guerra hemos aceptado a muchos alemanes.

El coronel terminó su arenga invitándonos a cantar todos juntos la marcha de la legión, que se llama igual que un embutido francés: Le Boudin [2](La morcilla).

EL ADIESTRAMIENTO

Y comenzó lo que sería una pesadilla interminable

La primera experiencia fue llevarnos a un grupo de cuatro en helicóptero y dejarnos en medio de la jungla, sin agua y comida, nos dijeron ahí tenéis animales salvajes y frutos, tenéis que sobrevivir, dentro de una semana volveremos por si habéis sobrevivido. No era más que un ardid psicológico para amedrentarnos con el fin de hacernos más fuertes, para que sacáramos a relucir todo nuestro herido orgullo.

Y lo hicimos, sobrevivimos.

Las marchas a pie cargados con una voluminosa mochila eran extenuantes, decenas de kilómetros, atravesando ríos infectados de caimanes y martilleados por las picaduras de los mosquitos que te pueden trasmitir la malaria.. Calor, humedad y lluvia se alternaban.

Yo escuchaba y le dejaba hablar, el hombre estaba contándome su vida y no quería interrumpirle, aun cuando pensaba yo también tuve que hacer marchas interminables, pero decidí no sacarle de su ensoñación.

Pero más que los mosquitos nos aterraban los insectos flebótomos que transmiten la leishmaniasis que te causan ulceras cutáneas e inflamaciones graves de hígado y bazo.

La misión que todos ansiábamos era cuando nos tocaba custodiar el Centro Espacial Guyanés donde los franceses empezaban a probar el lanzamiento de satélites artificiales.

Lo que todavía me horroriza, y está siempre presente en mis peores pesadillas es el día que nos lanzaron a un grupo de 9 hombres en medio de la jungla y nos dijeron tenéis una semana para volver al campamento.

Comíamos de todo, desde el «agouti», un especie de roedor, lo atravesábamos con un palo y lo poníamos a asar, me parecía una carne deliciosa. Un día casi me muerde una serpiente, pisé justo al lado de su cabeza, hizo intención de atacarme, con el machete que siempre llevaba empuñado le di un certero golpe y le corté la cabeza, fue nuestra cena de esa noche. Aunque la que más me gustaba era la carne de caimán[3], en los cursos de entrenamiento nos habían recomendado que siempre que pudiéramos nos alimentáramos de este reptil.

Teníamos que mirar muy bien donde poníamos los pies, pues a pesar de nuestras botas, una picadura de un escorpión podía ser mortal. También del cielo podía venir el peligro, había unos grandes monos que nos arrojaban ramas de árboles.

La vegetación era tan densa, que prácticamente era imposible moverse, nos turnábamos abriéndonos paso con el machete cortando la maleza, finalmente llegamos a la orilla de un rio.

¿Pero que rio era? De los ocho ríos que surcan el territorio teníamos que encontrar el Oyapock que nos conduciría hasta Oiapoque para enlazar con la carretera N2 que nos conduciría hasta Kourou.

El jede de la expedición, nos aleccionó como actuar, nos quitamos toda la ropa y nos quedamos en paños menores con las armas en la mano, principalmente el machete, nos deslizamos sigilosamente y nos dejamos arrastrar por la corriente, sin hacer ningún movimiento, así engañaríamos, o por lo menos eso esperábamos, a los caimanes que nos tomarían por troncos de árboles flotando en el rio.

Estar en el centro del rio y ver a esos enormes reptiles, desperezarse y levantar sus cabezas en la orilla era un espectáculo aterrado, sentía deseos de empezar a nada desaforadamente, tenía que hacer un gran esfuerzo de voluntad para permanecer inmóvil. Y dejarme llevar por la corriente.

Nos dejábamos arrastrar por la corriente hasta que sentíamos las carnes arrugadas, hacíamos un alto, vivaqueábamos unas horas, tratando de descansar y dormir un poco, sin bajar la guardia, los turnos eran de media hora, cuando habíamos repuesto fuerzas iniciábamos otra vez la singladura, así estuvimos durante tres largos e interminables días. Finalmente arribamos a un poblado. Sus habitantes nos miraban entre atemorizados y curiosos,

Los lugareños nos proporcionaron algo de ropa, comida y en una camioneta nos condijeron hasta la base.

50 metros antes de la entrada, mandamos parar el camión, nos bajamos y en formación de a dos, yo en la cola, iniciamos el camino hacía el portalón de entrada mientras cantábamos las primeras estrofas de nuestro himno:

Tiens, voilà du boudin, voilà du boudin, voilà du boudin / Pour les Alsaciens, les Suisses et les Lorrains,/ Pour les Belges, y en a plus, Pour les Belges, y en a plus,/Ce sont des tireurs au cul.

El guardia nos vio llegar y llamó al cabo de guardia y este al coronel, que salió a recibirnos, éramos los primeros que habíamos regresado a la base por nuestros propios medios. Ellos ya estaban preparando el acostumbrado plan de rescate.

Nos concedieron una medalla de no sé qué.

Después de una corta pausa como ordenado sus ideas prosiguió con su monologo. Era como esos robots que contestan ahora a tus demandas de información. Monocorde, sin inflexiones en su voz, como ausente, como un zombi.

Me enseñaron a matar con mis manos desnudas y a utilizar el cuchillo como arma silenciosa.

No quería interrumpirle, pero esta mención a matar con sus manos desnudas me provocó un escalofrío y me trajo recuerdos imborrables, pensé: «A ver si he salido de

«Guatemala» para meterme en «Guatepeor», pero por prudencia me callé mis negros pensamientos.

Pero mentalmente debía tener presente que a este también le podía entrar una «ventolera» y entonces el problema sería más grave.

No pude contener mi curiosidad y le pregunté: «¿Y lo has hecho».

He estado en muchas misiones y he tenido que matar era un problema puramente de supervivencia, o ellos o yo.

¿Y dónde lo has hecho?.

En medio mundo, en África y Asia, en Mali, Costa de Marfil, Yibuti, en todos los países que pertenecieron al imperio francés y que en algunos casos trataron de mantener por encima de sus posibilidades.

¿Estuviste allí todos estos años?.

Cuando terminé los cinco primeros años, no tenía adónde ir y me reenganché otros cinco, al término de este segundo periodo me persuadieron para continuar, si estaba 17 años al servicio de Francia tendría derecho a una pensión vitalicia. Esto me animó a continuar, me gustaba esa vida. Aprendí lo que es el rigor y la disciplina militar, me convirtieron en un hombre más responsable, más equilibrado. Han sido 25 años duros pero útiles a nivel personal.

En una de esas acciones me hirieron gravemente en el estómago, me operaron en un hospital de campaña y salvé la vida de milagro, ello me dio opción a acogerme al procedimiento de francés por la sangre derramada, por el cual cualquier legionario extranjero que resulte herido en una batalla por Francia puede optar a la obtención de la ciudadanía francesa.

Por una vez en mi vida, parece que he hecho las cosas bien, soy ciudadano francés, con una pensión buena y he regresado a mi país y a mi familia.

Parece que le dio un ataque de nostalgia o quizás era de demencia senil, pues se puso a cantar en francés, no entendía nada. Fernando ¿Qué canturreas?

-*Nuestro himno*- y prosiguió con su letanía, pensé a este tío la selva le ha vuelto «majara».

[1]*FRANCIA*

Francia había comenzado lo que parecía una carrera desenfrenada hacia la pérdida de su imperio colonial. Iba de derrota en derrota.

Había sido derrotada estrepitosamente, en menos de dos semanas, por el ejército nazi en la segunda guerra mundial.

Como, todavía, el General De Gaulle no se había enterado de que Napoleón había fallecido hacia muchísimos años y era tanególatra que, si se tiraba desde lo alto de su ego se mataba; tomó una decisión entre estúpida y descabellada. Intentó reconstruir el maltrecho imperio francés y decidió que Francia volviera a Indochina, sin tener en cuenta que, en esta zona, durante la ocupación japonesa se había creado un fuerte movimiento anticolonialista y patriótico, que la situación había cambiado. Francia ya no era una superpotencia y estaba muy debilitada por los casi cinco años de ocupación nazi. Pero el inmenso ego, del general De Gaulle, y su sentido de la grandeur no le permitieron tomar la decisión que el sentido común aconsejaba.

El resultado, como era previsible, fue que cosecharon una contundente derrota, una más, a manos del VietMinh de Ho Chi Minh.

Sufriendo, además, la derrota más humillante que jamás le habían infligido a Francia, el desastre de Diem Bien Phu, el 7 de mayo de 1954, después de una lucha que duró 57 días y que le costó a

Francia unos 2 000 muertos y 18 000 prisioneros las tropas francesas de esa guarnición se rindieron, esta victoria se saldó con más de 8 000 bajas entre los vietnamitas.

Como resultado de esta estrepitosa derrota Francia tuvo que abandonar sus colonias asiáticas.

Pero el país ya tenía otro frente abierto en su quebrantado imperio, la guerra por la liberación de Argelia estaba en sus albores.

Francia se había establecido en Argelia en 1830.

A raíz de la segunda guerra mundial una resolución auspiciada por Estados Unidos y secundada por la ONU, inició un proceso de descolonización que estaba ocasionando todo tipo de conflictos. Las reivindicaciones de independencia se sucedían, todos los países sometidos al yugo colonialista ansiaban su independencia.

Algunos procesos se saldaron de forma amistosa, las potencias colonialistas concedieron la independencia a sus territorios, pero otras, caso de Francia, se empecinaron, en una política suicida, en mantener su imperio colonial.

El resultado de ello fue una sangrienta guerra de guerrillas que costó a Francia más de 33 000 muertos y más de un millón de bajas por parte argelina.

En Argelia se había creado un ejército clandestino el FLN (Frente de Liberación Nacional) que, con su táctica de guerra de guerrillas, (seguramente copiada de los españoles) atosigó al ejército francés, y asesinó a miles de ciudadanos franceses asentados en Argelia. La reacción francesa fue brutal, masacró a la indefensa población civil.

La legión extranjera fue especialmente activa en estas labores.

Finalmente, en 1962 Francia se retiró y concedió la independencia a Argelia.

² LE BOUDIN

Le Boudin (en español La morcilla) es la canción de marcha oficial de la Legión Extranjera Francesa. Su ritmo hace que la tropa marche a razón de 88 pasos por minuto, una tasa más lenta que la habitual de 120 pasos por minuto del resto de regimientos de infantería. El «paso legionario» más lento que el de los otros cuerpos obliga a la Legión a desfilar en último lugar, durante las ceremonias oficiales.

El nombre tiene su origen en una tela enrollada que los antiguos legionarios solían llevar sobre su mochila y que se asemejaba a una morcilla.

Tiens, voilà du boudin, voilà du boudin, voilà du boudin / Pour les Alsaciens, les Suisses et les Lorrains,/ Pour les Belges, y en a plus, Pour les Belges, y en a plus,/ Ce sont des tireurs au cul. / Pour les Belges, y en a plus, Pour les Belges, y en a plus,/ Ce sont des tireurs au cul.

Nous sommes des dégourdis,/ Nous sommes des lascars / Des types pas ordinaires. / Nous avons souvent notre cafard,/ Nous sommes des légionnaires.

Au Tonkin, la Légion immortelle / À Tuyen-Quang illustra notre drapeau / Héros de Camerone et frères modèles / Dormez en paix dans vos tombeaux.

Nos anciens ont su mourir./ Pour la gloire de la Légion./ Nous saurons bien tous périr/ Suivant la tradition.

Au cours de nos campagnes lointaines,/ Affrontant la fièvre et le feu, / Oublions avec nos peines,/ La mort qui nous oublie si peu./ Nous la Légion.

Traducción al castellano

Mira, aquí hay morcilla, aquí hay morcilla, aquí hay morcilla / Para alsacianos, suizos y loreneses,/ Para los belgas ya no hay, para los belgas ya no hay, / Que son terribles tiradores./ Para los belgas ya no hay, para los belgas ya no hay ,/ Que son terribles tiradores.

Somos los espabilados, / somos los muchachos / y no tipos ordinarios /.A menudo tenemos nuestra cucaracha,/ Somos los legionarios.

En Tonkin, la Legión Inmortal / En Tuyen Quang ilustró nuestra bandera, / Héroes de Camarón y hermanos modélicos / Dormid en paz en vuestras tumbas.

Nuestros antepasados sabían morir./ Por la gloria de la Legión./ todos sabremos perecer / Siguiendo la tradición.

Durante nuestras lejanas campañas, / Frente a la fiebre y al fuego, / Olvidémonos con nuestras penas, / La muerte que nos olvida tan poco./ Nosotros la Legión.

[3] CARNE DE CAIMÁN

La carne de este reptil es de color blanco tirando a rosado. Es una carne fibrosa que presenta un sabor suave que, para muchos de los que la han probado, está a mitad de camino entre la carne de pollo y el pescado.

Pero, además de por su particular sabor, la carne de caimán destaca por sus excelentes propiedades nutricionales, es baja en grasa pero rica en proteínas y contiene ácidos Omega 3 que reduce el colesterol negativo y mejora la circulación sanguínea.

E. Larby

VIII LA ÉPOCA DORADA

Puedo afirmar, sin equivocarme que no recuerdo haber sido nunca tan feliz como en esta tapa d mi vida.

Me siento libre, sin ataduras, liberada del corsé de un horario, de lo políticamente correcto, de una obligaciones, de una competición de eficiencia para escalar posiciones.

Ahora hago en todo momento lo que me apetece, como cuando tengo hambre y duermo cuando tengo sueño, me levanto cuando me lo pide el cuerpo, me puedo estar toda la noche viendo una serie de televisión que me ha enganchado y estar desnuda en mi casa si el calor arrecía y me apetece.

Como dijo el poeta soy inmensamente rica porque no necesito nada.

Salgo con mis amigas sin horario de volver a casa a una hora «prudencial», si se cursa y el cuerpo me lo permite me pego dos «lingotazos» y me pongo tibia.

Digo lo que pienso y critico a quien sea, no tengo que dar explicaciones a nadie, ni disculparme ante nadie, no tengo que ser «políticamente correcta».

Como dice la canción de Nino Bravo: Libre como el pájaro que escapó de su prisión y puede ahora volar, Libre como el viento.

Si deseo irme de vacaciones lo hago no importa la fecha, estoy siempre disponible.

Sí, como se decía entonces, me apetece echar una cana al aire, ¡lo hago! Y punto pelota.

Fernando se fue hace ya casi dos lustros, fue una época muy dura y sufrida, pero yo ya estaba curada de espanto, había desarrollado unas capas protectoras y me lo tomé con filosofía y paciencia.

Una tarde estábamos viendo en la «caja boba» una película de vaqueros, que eran nuestras preferidas, por los paisajes tan bonitos y lo livianos de sus argumentos. Todas son lo mismo chico bueno se casa con chica buena y mata al chico malo. Pero entretienen.

Fernando se levantó para ir al baño, se quedó como petrificado en medio de la salita, el pantalón de su pijama se tiñó de oscuro y las heces le salían por las perneras. Estaba inmóvil.

Corrí a la cocina, agarré un barreño con agua y procedí a limpiarlo, lo llevé al baño, se bañó y se cambió de pijama, luego lo acosté. Pensamos que había sido las alubias con chorizo que habíamos comido.

Horas después se reproducía el incidente, esta vez llegó a tiempo al inodoro.

Los siguientes días se repitieron los episodios, unas veces, pocas, llegaba a tiempo, las más se lo hacía encima. Se iba de «varetas» cada cinco o seis horas.

Pedí cita con la médico de familia y le expliqué el tema, lo derivo hacia el departamento de gastroenterología para que le realizaran una colonoscopía

La asistencia médica funciona muy bien en el área de medicina de familia y en la atención hospitalaria, pero pesimamente en el área de especialidades. Las demoras son inaceptables, nunca comprendí, porqué tienen esos especialista unos horarios tan limitados, con valiosísimas y costosísimas maquinas que solo trabajan a tiempo parcial. Bueno a lo que iba, que últimamente me disperso mucho, le daban cita para dos meses más tarde.

Me subía por las paredes, en dos meses un enfermo grave se muere.

Recurrí a mis amistades en el hospital, lo ingresaron y le hicieron la colonoscopia en dos días.

El resultado fue demoledor, cáncer de colon, había que operar inmediatamente. Lo abrieron y lo volvieron a cerra, estaba tan extendió que ya era inútil, además tenían la certeza de que la metástasis se había extendió a otras partes del cuerpo.

Le dieron tres meses, como máximo seis.

Se fue a los cinco.

Fueron cinco meses de cuidados intensivos en casa, limpiándole continuamente, cambiando ropa y pañales, dedicación exclusiva, no podía abandonarlo ni un minuto, temía que en su depresión pudiese cometer alguna barbaridad, hablaba de suicidarse.

Tuve la impagable ayuda de mis hijos, que aunque ya tenían sus obligaciones se turnaban para acompañarme y ayudarme.

No voy a decir que no lo sentí pero ya estaba curada de espanto, había visto muchas desgracias en mis más de 40 años de profesional en un hospital.

Hice mío ese cínico, pero pragmático, dicho popular de: «el muerto al hoyo y el vivo al bollo».

Decidí que no le pediría nada a la vida, pero tampoco rechazaría lo bueno que me ofreciera.

Y en esos términos estoy, soy más feliz que en ninguna otra etapa de mi vida.

www.ingramcontent.com/pod-product-compliance
Lightning Source LLC
LaVergne TN
LVHW061613070526
838199LV00078B/7260